Harald Braem

Die Macht der Farben

Harald Braem

Die Macht der Farben

Wirtschaftsverlag Langen Müller / Herbig

Es ist nicht unsere Aufgabe, einander näherzukommen, so wenig wie Sonne und Mond zueinanderkommen oder Meer und Land. Unser Ziel ist, einander zu erkennen und einer im anderen das zu sehen und ehren zu lernen, was er ist: des anderen Gegenstück und Ergänzung.

Hermann Hesse

Besuchen Sie uns im Internet unter
www.langen-mueller-verlag.de

Sonderproduktion 1. Auflage 2006

Schutzumschlag: Atelier Bachmann, Reischach
Schutzumschlagmotiv: Mauritius, Mittenwald
Satz: Jos. C. Huber GmbH & Co. KG, Garching
Druck und Binden: GGP Media GmbH, Pößneck
Printed in Germany
ISBN-10: 3-7844-7185-4
ISBN-13: 978-3-7844-7185-3

Inhalt

Vorwort

Als dieses Buch 1985 in 1. Auflage erschien, war ich froh, meinen Studenten endlich ein theoretisches Arbeitsinstrument zur Farbpsychologie in die Hand geben zu können, das für sie zugleich einen praktischen Nutzwert darstellt. Ich hatte mich bei der Arbeit darum bemüht, für die Anforderungen der Studiengänge Kommunikationsdesign und Innenarchitektur am Fachbereich Gestaltung der FH Wiesbaden gezielt zu schreiben und dabei möglichst alle bekannten und weniger bekannten Theorien von Goethe bis Frieling, Lüscher etc. in verständlicher Weise vorzustellen. Die daran anknüpfenden Seminare und Übungen zur Thematik erwiesen sich als praktikabel und thematisch weiterführend. Es freut mich in diesem Zusammenhang besonders, daß in der Folge zahlreiche Kollegen an anderen Hochschulen und Institutionen das Buch als Standardwerk auffaßten und es ergänzend für ihren Unterricht einsetzten.

Die »Macht der Farben« erlebte seitdem mehrere Auflagen und eine Taschenbuchausgabe, die in Kreisen der Wirtschaft, der Medien (es gab in der Zwischenzeit Funk- und Fernsehsendungen, Interviews, Teilabdrucke in Zeitschriften usw.) und in speziellen Berufsfeldern (u. a. Architektur, Marketing, Möbeldesign, Mode, Sport, Unterhaltungsindustrie, Medizin, Psychologie) mit erstaunlich großem Interesse wahrgenommen wurden. Sehr spannend war für mich die Überprüfung der Theorien bei Projekten und deren Realisierung. Mit den Ergebnissen dieser Überprüfungen ließen sich mehrere Bände füllen, sie wären aber gerade für den Laien, Studienanfänger und Einsteiger in die Materie von nicht so großer Bedeutung. Zu Gunsten einer klaren Übersicht und einfacher Sprache und Bilder habe ich mich bei dieser – im Buchhandel bereits seit längerer Zeit erwarteten – Neuauflage zu einer bewußten

Konzentrierung auf das Wesentliche entschlossen. Jeder Wissenschaftler brennt naturgemäß darauf, seine Ergebnisse und Erkenntnisse einem möglichst breiten Publikum zu vermitteln. Doch auch hier gilt vor aller Eitelkeit der kluge Satz: »Wenig ist mehr«. Ich habe deshalb auf Farbfotos, ebenso wie auf Projektdokumentationen und statistisches Material, verzichtet und hoffe, daß die »Macht der Farben« genau auf diese Weise ihre volle Wirkung entfalten kann.

Das Buch soll eine Einführung in die Farbpsychologie bieten. Wer sie gelesen und inhaltlich erlebt hat, kann leicht zu erstaunlichen Feststellungen und Prognosen kommen, da sich aus interdisziplinärer Sicht sofort Muster bilden, die in verschiedenen Gesellschaftsbereichen relevant sind. Als Beispiel mag die Modefarbe Grün des Jahres 97 ebenso gelten wie der dynamische Boom in der Automobilindustrie, die voll auf die Trendfarbe Grün setzt. Davon profitieren bereits bekannte Profile wie z.B. Dresdner Bank, Underberg, Öko-Produkte. Ein gesellschaftlicher Bewußtseinswandel hierzulande zeichnet sich ab. Der Siegeszug der Farbe Violett hat seinen Zenit überschritten. Das aggressive Rot unruhiger Zeiten gehört der Vergangenheit an. Unverkennbar deutlich wird die Sehnsucht vieler Menschen nach erholsamer Harmonie. Wir wissen aus dem klinischen Bereich, daß die Farbe Grün über Heilungsqualitäten verfügt. Die langjährigen Forschungen und Feldstudien meines Kollegen Prof. Dr. Dr. Harald Brost vom Institut für Farbe, Licht und Raum bestätigen dies eindrucksvoll. Ich überlasse es der Leserin/dem Leser, durch die Lektüre zu eigener Musterbildung zu gelangen, und bin durchaus zufrieden, wenn ich dazu einen bescheidenen Anstoß geben konnte.

Harald Braem

Die Macht der Farben

Was wir auch tun, ob wir uns für ein neues Auto oder ein Kleid entscheiden, ob wir im Supermarkt einkaufen oder eine Wohnung einrichten, beim schnellen Orientieren im Straßenverkehr ebenso wie beim geruhsamen Betrachten eines Fotobandes oder beim Auswählen von passenden Weihnachtsgeschenken – ständig haben wir es mit der geheimen Macht der Farben zu tun. Farben prägen, kontrollieren und steuern wirkungsvoll und nachhaltig unser gesamtes Denken, Fühlen und Handeln. Und besonders dann, wenn wir am wenigsten darauf achten.
Kann diese Aussage so stehenbleiben? Sind nicht gerade Farben etwas äußerst Subjektives, etwas, das mit individuellem Geschmack und mit Mode zu tun hat? Reagiert nicht jeder Mensch anders und auch wir von Situation zu Situation verschieden?
Natürlich spielt das subjektive Empfinden eine wichtige Rolle. Ebenso der persönliche Geschmack, Reiz und Ablehnung, Nachahmungs-

trieb und bewußtes Abgrenzen davon, individuelle Note und Mode. Aber wenn wir meinen, das wäre schon alles, verwechseln wir Ursache und Wirkung. Wir reden dann über Resultate und Erscheinungsformen, über die Oberfläche einer Sache also, die weitaus mehr Tiefgang besitzt, ja deren Wurzeln oft bis weit in die Vorzeit der Menschheit hineinreichen.

»Archetypisch« nennen wir solche Eigenschaften, man könnte auch von »Urprägungen« sprechen. Die Tiefenpsychologie (besonders C. G. Jung) hat auf diesem Gebiet eine Menge wissenschaftlicher Arbeit geleistet und erstaunliche Zusammenhänge zutage gefördert. Wir fangen als Mensch eben nicht mit der Geburt beim Punkt Null an wie ein »unbeschriebenes Blatt«, das nur darauf wartet, von Umwelt und Gesellschaft »beschrieben« zu werden. Nein, wir tragen in uns, im genetischen Code unserer Zellen und in den alten Zentren unseres Gehirns, Restbestände der gesamten Menschheitserinnerung, die sich in Verhaltensweisen und Reflexen, in Denkstrukturen, Bildern und Träumen äußern.

Zu diesen Urprägungen gehören auch die Farben. Genauer: die Gefühle, die ursprünglich damit identifiziert, und die kulturellen Anmutungsqualitäten, die im Laufe der Zeit mit den Farben verbunden wurden.

Wem dies jetzt zu theoretisch klingt, dem möchte ich an dieser Stelle ein paar konkrete Beispiele präsentieren, die schlagartig deutlich machen, was gemeint ist und die aufzeigen, wie eng die Wirkung von Farben mit biologisch-chemisch-physikalischen und psychisch-seelischen Vorgängen in unserem Körper verbunden sind.

Beispiel 1: Der Streichholzschachtel-Test

Bereiten Sie unbeobachtet vor dem Test eine Streichholzschachtel auf folgende Weise vor: Leeren Sie die Schachtel und schreiben Sie auf die Innenseite folgende Wörter: *Hammer, Geige/Gitarre, Rot.* Danach füllen Sie die Schachtel wieder mit Streichhölzern, damit sie das richtige Gewicht erhält und auf gewohnte Art klappert.
Wenn Sie eine Testperson gefunden haben, erklären Sie ihr: »Dies ist ein Konzentrations-Test, bei dem es auf Geschicklichkeit ankommt.«
Nehmen Sie die Streichholzschachtel zwischen Daumen und Zeigefinger der linken Hand, führen Sie mit der Hand eine Drehung aus und übernehmen Sie die Schachtel mit Daumen und Zeigefinger der rechten Hand. Bei jeder Übernahme und Drehung wird der Drehvorgang laut mitgezählt.
Das sieht ganz einfach aus und ist es auch. Aber bezweifeln Sie lauthals, daß Ihr Testpartner dazu fähig ist, konzentriert und ruhig im gleichmäßigen Rhythmus die Schachtel zu drehen und dabei laut und deutlich zu zählen.
Natürlich wird Ihr Testpartner widersprechen.

Lassen Sie es ihn vorführen. Siehe da – es funktioniert. »Gut«, sagen Sie nun, »das klappt ja ganz gut. Aber ich bezweifle, daß du dich richtig konzentrieren kannst. Ich werde dir jetzt ein paar Fragen stellen, die du spontan, ohne nachzudenken, beantworten sollst. Es sind keine echten Fragen, eigentlich nur immer ein Reizwort, das ich in den Raum werfe, und du antwortest genauso schnell mit einem Wort, das dir dazu einfällt. Du wirst sehen, wie schnell du aus dem Dreh- und Zähltakt gerätst.«
Jetzt protestiert die Versuchsperson und gibt sich besondere Mühe, zu beweisen, wie gut sie sich konzentrieren kann. Lassen Sie sie bis sechs oder sieben zählen und fragen dann blitzschnell: »Werkzeug?« »Hammer«, antwortet die Testperson in fast 90% aller Fälle. Gelegentlich, aber selten, kommt auch »Zange« als Antwort. Lassen Sie weiterdrehen. Bei zwölf oder dreizehn fragen Sie: Musikinstrument?«
Und wieder kommt ebenso spontan die Antwort: »Geige«. Sollte es sich um eine jüngere Testperson handeln, kann auch »Gitarre« als Antwort folgen. In den sechziger und frühen siebziger Jahren war noch etwa zu 90% Geige als Antwort zu erwarten. Heute hat sich das Verhältnis zu etwa 60% Geige und 40% Gitarre verlagert. Andere Instrumente werden extrem selten genannt und stellen dann meist das Instrument dar, das der Betreffende selbst spielt oder für ihn von außergewöhnlicher Bedeutung ist.

Bei der dritten Blitzfrage »Farbe?«, die bei etwa zwanzig, einundzwanzig kommen kann, lautet die Antwort zumeist (in etwa 80% aller Fälle) »Rot«, manchmal auch »Blau« (etwa 20%). Andere Farben werden nahezu nie genannt.
Bedanken Sie sich bei Ihrer Testperson, nehmen Sie die Schachtel, schütten Sie den Inhalt aus und lassen Sie das dort bereits aufgeschriebene Testergebnis selbst vorlesen. Die Verblüffung ist jedesmal groß, der Überraschungseffekt auf Ihrer Seite.

Was ist hier geschehen?
Ganz einfach: Je mehr ein Mensch mit äußerlichen Dingen beschäftigt ist (hier: Konzentration auf Drehen und Zählen), desto weniger hat er Kontrolle über sein Unterbewußtsein. Aus diesem Urreservoir an Gefühlen, Zeichen und Bildern tauchen nun »archetypische«, urtypische Begriffe auf. Es sind also keine überlegten Antworten, sondern wie Instinkte schnell abrufbare, griffbereite Programme. Der Hammer ist eben seit der Erfindung des Faustkeils das Handwerkszeug Nr. 1 und mit der Entwicklung der Menschheitsgeschichte aufs engste verbunden, Geige und Gitarre (zumindest in unserem Kulturkreis) die populärsten Instrumente, und Rot die älteste Farbe.
Die älteste Farbe? Was soll das nun wieder bedeuten? Waren nicht alle Farben von Anfang an gleichzeitig da?

An dieser Stelle keine Antwort. Näheres hierzu erfahren Sie sehr ausführlich im Kapitel »Die Farbe Rot«.

Beispiel 2: Das Herz

Geben Sie einer x-beliebigen Testperson eine Auswahl Buntstifte, Filzstifte oder Farbtuben und fordern Sie sie auf, ein Herz zu malen. Es wird immer ein rotes, nie ein blaues, gelbes oder grünes sein.
Rote Herzen sind üblich, man ist sie gewohnt? Richtig. Aber machen Sie den gleichen Test doch bitte einmal mit Kleinkindern, die weder einen Anatomieatlanten, Transplantationen, Herz- und Kreislaufmittel noch Liebessymbolik kennen. Ohne eine Sekunde zu zögern greifen sie zur roten Farbe.
Natürlich ist das kein »Urwissen«. Es ist ihnen irgendwann einmal von der Mutter oder dem Vater gezeigt worden. Aber es reichte ein Blick, um die Richtigkeit des Gezeigten zu erkennen und das »Urprogramm« wiederzuentdecken. Ich muß in diesem Zusammenhang immer wieder an Katzenjunge denken, denen die Mutter in Nullkommanichts und mit drastischem Beispiel beibringt, wie man sich »stubenrein« verhält. Eine »Vorführung« genügt und das Urprogramm aller Katzen funktioniert.

Beispiel 3: Die merkwürdigen Kisten

Ein Transportunternehmer in den USA wunderte sich darüber, daß sich seine Arbeiter an bestimmten Tagen häufiger beschwerten und auffallend früher als sonst Ermüdungserscheinungen zeigten. Dem Sachverhalt nachgegangen, stellte sich heraus, daß an diesen Tagen ausschließlich dunkle Kisten getragen werden mußten. Das Verblüffende bei der Angelegenheit war nur, daß das Gewicht der Kisten exakt mit dem identisch war, das an anderen Tagen in helleren Kisten getragen wurde.
Einbildung, Autosuggestion?
Die amerikanischen Psychologen Warden und Flynn gingen dem Phänomen nach und ließen das Gewicht gleich schwerer, aber verschieden farbiger Packungen schätzen.
Dabei wichen sie im Test bewußt von relativ bekannten, »erlernbaren« Maßeinheiten (also ein Pfund oder ein Kilo) ab und wählten eine »abstrakte«, schwer nachvollziehbare, nämlich eine 3-Pfund-Packung.
Das Ergebnis klingt beinahe unglaublich: Jede Farbe wiegt anders.

Das Ergebnis:

Weiß (als Ausgangsrelation)	3,0 Pfund
Gelb (bereits geschätzt auf)	3,5 Pfund
Grün	4,1 Pfund
Blau	4,7 Pfund

Grau	4,8 Pfund
Rot	4,9 Pfund
Schwarz (fast verdoppelt)	5,8 Pfund

Man kann sich vorstellen, daß diese Ergebnisse weder geheim blieben, noch bleiben konnten oder sollten. Im Gegenteil: Sie wurden von der Industrie begeistert und erfolgreich aufgegriffen – werden doch mittels einfacher Farbgebung plötzlich doppelte Böden, Schein- und Trickpakkungen überflüssig, die bisher mit aufgeblähtem Volumen mangelnden Inhalt wettmachen sollten. Und selbst bei gleicher Größe und Gewicht vermittelt eine dunkle Packung eben, daß ihr Inhalt kompakter, konzentrierter, massiver und gewichtiger, also wertvoller ist.
Wie gesteuerte Farbgebung nicht nur das Gewicht, sondern auch Geschmack, Geruch, Konsistenz, Qualität, Haltbarkeit, Frische usw. manipulieren kann, lernt heutzutage ein Graphik-Design-Student im Grundstudium. Ebenso wie man durch die richtige Farbkombination Dinge verändern kann, z.B. großes kleiner, schweres leichter, bitteres süß etc.

Sind Farben also geheime Verführer?
Viel mehr als das! Farben greifen direkt, massiv und vom klaren Denken weitgehend unkontrolliert in biochemische und biophysikalische Prozesse des menschlichen Körpers ein, beeinflussen Herzschlag, Puls und Atemfrequenz, erhö-

hen oder mindern den Blutdruck, lassen Verletzungen langsamer oder schneller heilen, erzeugen Hitze, Kälte, Hunger, Durst, Ruhe, Angst und Aggression.
Mittlerweile wissen die meisten Ärzte und Krankenhäuser um diese Dinge, berücksichtigen sie in ihrer Therapie, müssen sich Designer, Architekten und Innenarchitekten bereits in der Entwurfsphase auf solche grundsätzlichen Gegebenheiten einstellen.
Ein Vergleich der Farben Rot und Blau in Bezug auf ihre körperlichen Auswirkungen beim Menschen verdeutlicht das Gesagte.

Beispiel 4: Der Rot-Blau-Gegensatz

Rot	Blau
Atmung rascher	Atmung langsamer
Puls und Blutdruck steigen	Puls und Blutdruck fallen
Herzschlag beschleunigt	Herzschlag verlangsamt

Insgesamt bedeutet dies: Der Anblick roter Farbe erregt und aktiviert, der von Blau beruhigt alle Körperreaktionen.
Noch deutlicher wird dies bei Untersuchungen, die das subjektive Kälte- bzw. Wärmeempfinden messen. Der Kontrast zwischen kalt und warm umfaßt eine Spanne von ca. 13° Celsius.

Beispiel 5: Kälte- und Wärmeempfinden

In einem blau-grün gestrichenem Raum stellt man schon bei etwa 15° Kälte fest, im orangefarbenen erst bei 2°. Ein völlig neuer Aspekt zum Thema Energiesparen!
Spaß beiseite, daß sich der Mensch dieser Tatsachen und Hintergründe bewußt ist, spiegelt deutlich und zutreffend der Volksmund wieder. Dort stehen als Synonyme für Blau Eis und für Rot Feuer. Eisblau und feuerrot machen plastisch, beinahe körperlich spürbar deutlich, welche Eigenschaften der Mensch von jeher den Farben zuordnet.

Fassen wir zusammen:

Über Farben und ihre Wirkungen zu reden, ist keine Geschmacksfrage, über die sich streiten läßt, obwohl dies – oberflächlich gesehen – im Einzelfall so zu sein scheint. Farben sind vielmehr »visualisierte Gefühle« (nach Prof. Max Lüscher, dem Erfinder des bekannten Lüscher-Farb-Tests). Mehr noch: Farben sind eng mit den archetypischen, also vorgeschichtlichen, Erfahrungen der Menschheit verknüpft und bewirken klar erkennbare und meßbare Zustände.
Welche überaus gewichtige Rolle Farben als Signal, Gestaltungselement, Verhaltenssteuerung und Manipulationsinstrument spielen, wird

deutlich, wenn wir daran denken, daß etwa 80% aller Informationen optischer Natur sind. Die Welt ist nicht nur bunt – sie ordnet und steuert durch die Wirkung der Farben ihre Bedeutung für den Menschen.

Aufgabe dieses Buches, das sich bewußt nicht als ein weiteres Fachbuch für Farbenlehre versteht, ist es, das Schwergewicht weniger auf Theorie und dafür mehr auf nachvollziehbare, »spürbare« Praxis zu legen. In Form eines populärwissenschaftlichen Lesebuches spricht es gerade den Laien an, will für ihn die »geheime Macht der Farben« transparent machen. Es werden daher also keine komplizierten physikalischen Sachverhalte behandelt, sondern Blicke hinter die Kulisse der Psyche riskiert. Bewußt wird versucht, sich an prähistorische »Ursituationen« heranzutasten, um herauszufinden, warum der Mensch damals so auf unterschiedliche Farben reagierte und sich heute kaum wesentlich anders verhält.

Es wird in diesem Buch auf kulturelle Situationen ebenso eingegangen, wie auf geschichtliche Ereignisse, die Mode (also bewußtes Nachahmen) hervorriefen. Und auf die Sprache des Volksmunds, die in vielerlei Hinsicht wie ein Seismograph funktioniert.

Dabei werden Assoziationen ebenso zugelassen wie Widersprüche, denn nichts erscheint mir für Bewußtseinserweiterung einengender und schädlicher als stromlinienförmige Grundge-

setze, die geglaubt – und schlimmer noch – unreflektiert auswendig gelernt werden müssen.
Nein, Leben und Erfahrung sind fließende Prozesse, bei denen Umwege und Abschweifungen nicht nur nützlich, sondern ausdrücklich erwünscht sein müßten. Will man zu reifen, gewachsenen Ergebnissen kommen, so sollten tunlichst viele Facetten und Aspekte ein und derselben Sache angesehen, so viele Blickwinkel wie möglich in Betracht gezogen werden.
Schließlich gehört zur Wissenschaft eine gehörige Portion Phantasie und die Bereitschaft, sich faszinieren zu lassen, will sie farbig und deutlich werden; sonst bleibt sie so, wie das Sprichwort sagt: »Grau, grau ist alle Theorie.«
Wir aber haben es im wahrsten Sinne des Wortes mit einer »farbigen« Wissenschaft zu tun. Eine, die uns zudem deshalb so plastisch vorkommt, weil sie uns auf Schritt und Tritt tagtäglich im Alltag begegnet.
Wenn dieses Buch erreichen sollte, im Umgang mit Farben den Blick zu schärfen, zu sensibilisieren und bewußter zu machen, dann hat es bereits seinen Zweck erfüllt.
In diesem Sinne wünsche ich Ihnen viel Neugier, Spaß und verwertbare Informationen bei dieser Spurensicherung in Sachen Farbe.

»Die Geschmäcker sind verschieden« – wie verschieden sind sie wirklich?

Die meisten Menschen, die zum ersten Mal etwas von Farbpsychologie hören, entgegnen sofort: »Das ist ja alles furchtbar interessant, aber auf mich trifft das nicht zu, *ich habe meinen eigenen, persönlichen Geschmack.*« Das klingt fatal nach den stereotypen Aussagen, die man ebenfalls immer wieder zu hören bekommt: »Die Masse mag ja so sein, aber ich bin Individualist und denke da ganz anders.«
Oder: »Die Masse reagiert eben auf Werbung, ich nicht.«
Interessant, wie sehr hier Selbstüberschätzung zugrundeliegt. Man hält sich selbst offenbar für ein einzigartiges, völlig eigenwilliges Wesen, das in seiner Entscheidung – im Gegensatz zur manipulierbaren Masse – vollkommen autonom und unbeeinflußbar ist. Individualität ist »in«, die Masse wird abgewertet, sie unterliegt einem unreflektierten Verhalten, mit dem man sich nicht identifizieren möchte.

Da so aber nahezu alle denken, haben wir es mit einer riesigen Menge von Menschen zu tun, die sich für Individualisten halten und in dieser Einschätzung massenhaft übereinstimmen, also letztendlich doch wieder eine Masse bilden.

Natürlich gibt es so etwas wie einen »persönlichen« Geschmack, aber man darf davon ausgehen, daß er nicht einmalig auf der Welt ist, sondern viel häufiger mit dem »persönlichen« Geschmack einer großen Anzahl anderer Menschen übereinstimmt, als wir in unserer Individualitäts-Sucht wahrhaben wollen.
Tests und großangelegte Befragungen geben darüber deutlich Auskunft und relativieren die Beschwörungsformel »persönlicher Geschmack« erheblich, nämlich zum Geschmack einer bestimmten, überschaubaren Gruppe innerhalb der Gesellschaft.
Ferner muß man sich ernsthaft die Frage stellen, was dieser sogenannte »persönliche Geschmack« eigentlich sein soll. Wenn man nämlich sein Zustandekommen genauer untersucht, stellt sich heraus, daß er lediglich die für Individualität gehaltene Mischform vieler bereits vorhandener Faktoren und Prägungen ist.
Die meisten davon sind dem »normalen« Menschen gar nicht bewußt. Nehmen wir den »persönlichen Geschmack« einmal analytisch auseinander:

Da finden wir zuerst die *Mode, den gesellschaftlichen Geschmack,* oder besser: die gesellschaftliche Ausrichtung bestimmter, klar erkennbarer Interessengruppen in der Gesellschaft. In der Wechselwirkung dazu bildet sich der »persönliche Geschmack« heraus, je nachdem ob wir das, was andere tun bejahen oder ablehnen. Oft beschränkt sich dabei das »persönliche« bereits auf eine Mischung von verschiedenen Elementen unterschiedlicher Moderichtungen.
Wie aber kommt Mode zustande? Auch sie fällt ja nicht vom Himmel, sondern ist Fortsetzung, Ablehnung oder Wiederaufgreifen bereits vorhandenen gesellschaftlichen Geschmacks bzw. der sich daraus ergebenden Mischformen.
Jeder Mode liegt eine gewisse bewußte oder unbewußte *Symbolik* zugrunde, die sich im Laufe der Zeit, sozusagen historisch, gebildet hat. Vieles dieser Symbolik, besonders die ursprüngliche Entstehungsgeschichte einzelner Symbole, liegt aber für uns heutigen Menschen im Dunkel, ja entspringt womöglich dem *kollektiven Unterbewußtsein,* jenem geheimnisvollen Reservoir an Menschheitsträumen und -ängsten, an Märchen, Sagen und Mythen.
Es ist in jedem Fall anzunehmen, daß all diese Vorstellungen und Empfindungen des *kollektiven Unterbewußtseins* auf Urerlebnissen beruhen.
Solche Urerlebnisse nennen wir *Ur-Engramme,* Ur-Eindrücke oder *archetypische Situationen.*

Um sich an ihre Wurzeln heranzutasten, bedarf es außer geschichtlicher, sozialwissenschaftlicher und psychologischer Kenntnisse eines großen Maßes an *psychohistorischer* Intuition.
Am Ursprung angekommen, stellen wir fest, daß wir nichts außergewöhnlich Neues verkörpern, sondern lediglich das jüngste Glied einer durch Jahrmillionen hindurch aufgefädelten Kette sind.
Gerade im Zusammenhang mit Farben und deren Wirkung auf den Menschen, stoßen wir aber auch noch auf weitere Gegebenheiten, die die Zauberformel vom »persönlichen Geschmack« erschüttern – nämlich auf die *physiologische Bedingtheit,* also auf körperliche Reaktionen, die vom biologischen Aufbau des Menschen verursacht werden und herzlich wenig mit individueller Meinung oder Geschmack zu tun haben. Über die physiologische Wirkung der Farben wird u. a. in den einzelnen Kapiteln die Rede sein, speziell noch einmal aus medizinischer Sicht im Kapitel »Heilen mit Farben«.

Zusammengefaßt läßt sich sagen, daß Farben in der Tat – wie Lüscher es nennt – »visualisierte Gefühle« sind, oder, profaner ausgedrückt: Reizerscheinungen des Nervensystems, die je nach Veranlagung angenehm oder unangenehm wirken. Farben sind so etwas wie Resonanzkräfte, die den Menschen zum »Mitschwingen« veranlassen. In ihrer Fähigkeit »mitzuschwingen«, in dem Maße wie ein solches Mitschwingen begünstigt, gehemmt oder gar blockiert ist – darin unterscheiden sich eigentlich die Menschen voneinander, darin äußern sich ihre Gefühlslagen und letztendlich sogar ihre Krankheiten.

Bleibt zum Schluß eigentlich nur noch eine Aussage zur Ehrenrettung des Begriffes »persönlicher Geschmack«: Wenn wir alle diese Faktoren wie Mode (gesellschaftlicher Geschmack), Symbolik, kollektives Unterbewußtsein, archetypische Prägung und physiologische Bedingtheit zur Beurteilung in die Waagschale werfen, so verbleibt schließlich ein einziges unberechenbares Kalkül: das *individuelle Unterbewußtsein.*
Auch hier kann ja ein Ur-Engramm, eine frühe Prägung zugrundeliegen, die, ähnlich der archetypischen Situation bei der Menschheitsgeschichte, tief und unbekannt in der frühen Kindheit des einzelnen Menschen verborgen ist. Einzig die tiefenpsychologische Therapie vermag darüber Auskunft zu geben, inwieweit hier möglicherweise ein prägendes Erlebnis stattfand, das in der Folge schwerwiegende Veränderungen nach sich zog.
Ein Beispiel: Wir können feststellen, daß Blau eine Farbe ist, die in allen vorgenannten Bereichen (gesellschaftlicher Geschmack, Symbolik, kollektives Unterbewußtsein, Archetypik und physiologische Bedingtheit) Kälte, Beruhigung und Sehnsucht repräsentiert. Jetzt hat sich dum-

merweise eine Person als Kleinkind heißes Wasser über den Körper gekippt, das aus einem blauen Kessel kam. Es liegt daher nahe zu vermuten, daß diese Person im späteren Leben (und dann unbewußt) bestimmt nicht mehr Kälte mit Blau assoziiert, sich nicht danach sehnt, etwas Blauem nahezukommen und im Gegenteil wahrscheinlich sogar im höchsten Maße beunruhigt reagiert, wenn sie mit Blau in Berührung kommt.

Hier liegt eine schwere Störung der »normalen« Erfahrung vor, die im Gegensatz zu allen anderen Bereichen steht. Einzig solche Erlebnisse im persönlichen Unterbewußtsein, ungewöhnliche Verknüpfungen negierender oder übersteigert bejahender Art, vermögen nachhaltig die Persönlichkeitsstruktur in auffälliger Weise zu beeinflussen.

Ansonsten aber handelt es sich beim »persönlichen Geschmack« um eine Mischung vorgegebener Grundelemente, bei dem das Ich, das Ego des Individuums, höchstens noch etwas variiert das Mosaik zusammensetzt.

Geben wir uns nicht mit einem flüchtigen Blick auf das fertige Mosaik zufrieden, betrachten wir näher und intensiver seine einzelnen Bausteine. Nicht der äußere Schein einer Sache verkörpert die Realität, sondern immer erst in der Tiefe offenbart sich das eigentliche Wesen der Wirklichkeit.

Die Farben

Die Farbe Rot

Nach allem was man darüber weiß, ist Rot tatsächlich die älteste Farbe der Menschheit. Wie es zu dieser Aussage kommt?
Nun, da gibt es zunächst einmal die Sprachforschung. In vielen Ländern erscheinen alljährlich sogenannte »Hitlisten« der hundert oder mehr gebräuchlichsten Wörter einer Sprache. Anhand dieser Listen kann man feststellen, ob sich eine Sprache verändert, welche Wörter zum Standard gehören, welche in Mode kommen oder veralten, welches Bewußtsein die Sprache prägt.
Bei uns in der Bundesrepublik Deutschland spiegelt die »Hitliste« beispielsweise deutlich wieder, daß wir noch immer im Patriarchat leben: die Wörter *er, Mann, sein* und *Herr* finden sich ganz vorn in der Rangliste des häufigen Gebrauchs, während feminine Begriffe wie *sie, Frau, ihr, Dame* usw. an auffallend schlechteren Positionen plaziert sind. Sprache ist eben verräterisch.

Auffallend ist auch, daß unter den ersten Hundert nur eine einzige Farbe (noch vor Position zwanzig) auftaucht, nämlich Rot. Alle anderen Farben, Grün, Gelb, Blau usw. finden sich entweder auf einem Platz weit nach 100 oder überhaupt nicht in der Tabelle. Diese unangefochtene Favoritenrolle behauptet Rot nun schon so lange, wie es solche Untersuchungen gibt. Und das nicht nur bei uns, sondern in vielen Ländern und Sprachen der Erde.

Rot scheint also – wie der Philosoph Hegel einmal sagte – »die konkrete Farbe schlechthin« zu sein.

Erforschen wir den Sachverhalt weiter, steigen wir tiefer in die Sprachforschung (Etymologie: Lehre von der Herkunft der Wörter/Sprachwurzelforschung) ein, so stellen wir fest, daß Rot in der Tat in den meisten Sprachen der Erde der älteste Farbname zu sein scheint. In einigen Sprachen, wie z.B. im Russischen, ist die Bezeichnung »Rot« (krassnij) sogar identisch mit »schön«.

Augenscheinlich muß Rot die Menschen von Anfang an beeindruckt haben. Aber was ist es, das Rot so einzigartig, so faszinierend und wichtig macht? Was muß passiert sein, wenn eine Farbe derart unauslöschlich in unser Unterbewußtsein eingebrannt ist?

Unternehmen wir einmal den Versuch, solche prägenden Urerlebnisse nachzuempfinden. Lassen wir uns ein paar Jahrtausende, oder sagen wir ruhig eine Million Jahre und mehr zurückfallen in die Frühzeit der Menschheitsgeschichte: Höhlenjäger haben einen Urbüffel gestellt. Aus mehreren Pfeil- und Lanzenwunden strömt das Blut. Er ist gereizt, zu allem entschlossen. Einen der Jäger, der ihm unvorsichtigerweise zu nahe kam, hat er mit seinen scharfen Hörnern erwischt und der Länge nach aufgerissen. Der Mann liegt stöhnend am Boden und preßt die Hände auf die Wunde, als könne er so den Schwall seines Blutes aufhalten. Vergebens, von Minute zu Minute zerrinnt seine Lebenskraft. Als endlich der Büffel durch mehrere todesmutig ausgeführte Lanzenstiche fällt, hat auch der Verletzte sein Leben ausgehaucht. Schweißnaß und keuchend, aus Jagdfieber und tranceähnlicher Ekstase erwachend, stehen die Männer herum. Sie sehen ihren Gefährten reglos in einer Blutlache liegen. Sein Lebenssaft ist versickert.

Rot – die Farbe des Lebens?

»Rot wie Blut«, »blutrot« bezeichnet treffend der Volksmund. Und Goethe läßt Mephisto den Dr. Faust mit Blut unterschreiben: »Blut ist ein ganz besonderer Saft . . .«

Wir wissen das. Wir sind zivilisiert, wir können kein Blut sehen. Bei uns fallen viele Leute schon um, wenn es um einen einzigen Tropfen Blut bei der Blutprobe geht. Das macht die »Kulturschranke«. Blut vergießt man nicht. Blutvergießen ist Sünde.

Doch scheint diese anerzogene Verhaltensweise nur sehr schwach ausgeprägt zu sein: Normalerweise reagieren wir auf das Signal »Rot« richtig (z.B. vor einer roten Ampel). So lange jedenfalls, bis wir »rot sehen«. Unter extremen Bedingungen bricht die »Kulturschranke« aber schnell zusammen. Als Stichworte seien hier nur Krieg, Amoklauf, Blutrache und Blutrausch genannt, es sei an Stier- und Hahnenkämpfe erinnert, an rituelle Schlachtungen und Opferzeremonien, an religiöse Selbstverstümmelungen, Voodoo und Macumba.

Aber wir brauchen bei unseren Beispielen nicht einmal so weit ins Exotische auszuweichen. Auch hier passiert es ja beinahe täglich – wenn etwa eine sensationslüsterne Menge Schaulustiger gierig zusammenläuft, um die Unfallopfer in ihrem Blut anzustarren oder bei blutrünstigen Horrorfilmen, die bei Zehntausenden jenes unerklärliche Kribbeln erzeugen. Besonders beliebt bei Jugendlichen (als Mutprobe) sind z.Zt. Videocassetten mit Kannibalismusszenen.

Der »echte« Kannibalismus hatte den Sinn, sich mit dem Fleisch und Blut des Gegners auch dessen Kraft und Stärke einzuverleiben. Im Christentum wird dieser Gedanke auf symbolische Art durch das Abendmahl fortgeführt. Man »ißt« den Leib (Oblaten) und trinkt das Blut (Wein) Christi, um sich im Glauben zu stärken. Sein Blut wurde ja vergossen, weil es die Kraft hat, die Sünden der Menschen wiedergutzumachen.

Aber Blut ist nur ein Aspekt. Tauchen wir noch einmal in die Vorzeit zurück. Welches Element zieht von jeher magisch den Menschen an, weil es sowohl gnadenlos zerstört und verzehrt, als auch Nahrung spendet, ebenso verbrennt wie wärmt und schützt, kurzum – alles verwandelt? Natürlich das Feuer.
Heute wissen wir, daß Herstellung, Bändigung und bewußter Einsatz des Feuers einen (vielleicht den bedeutensten) Kulturschub beim Menschen auslöste. Und wir können es gut nachvollziehen: Rohes Fleisch verwandelt sich in Braten, eine kalte, unwirtliche Höhle in ein behagliches Heim, die gefährliche Nacht wird mittels des Feuers zum überschaubaren Tag gemacht.
Und dann noch die geheimnisvollen Veränderungen, die Feuer bewirkt: Wenn man Ockerpulver erhitzt, wird plötzlich aus einem gelben, hellbräunlichen Ton ein leuchtendes Rot, die Farbe des Blutes. Jeder kennt diesen Vorgang, der sich beim Brennen von Ziegeln abspielt. Bei den frühen Steinzeitmenschen galt gebrannter Ocker daher als heilige Farbe, mit der ganz bestimmte Stellen am Wild gekennzeichnet wurden, das sie in magischen Beschwörungsritualen an die Wände ihrer Höhlen malten (Altamira, Lascaux usw.)
Feuer hat immer einen ungeheuren Reiz auf den Menschen ausgeübt und tut es heute noch. Wer hat noch nicht am Kamin oder am Lagerfeuer ge-

sessen und gebannt in die tanzenden, züngelnden Flammen gestarrt und sich faszinieren lassen?
Auch hier kann die »Kulturschranke« schnell übersprungen werden. Wir brauchen nur an das »Zündeln« und »Kokeln« der Pyromanen, der »Feuerteufel« zu denken, die aus krankhafter Leidenschaft heraus zu Brandstiftern werden.
Feuer ist Macht, ist entfesselte und zerstörende Leidenschaft. Wer einmal miterlebt hat, mit welcher Wut und Gewalt ein Waldbrand tobt, wird diesen Anblick wohl nie vergessen.

Ist Rot also die Farbe des Feuers?
Nicht nur das. Ein altes Sprichwort verrät, daß außer Feuer und Blut noch eine dritte Komponente im Spiel ist. Es lautet:

Rot ist die Liebe, rot ist das Blut,
rot ist der Teufel in seiner Wut.

Rot also überdies noch als Farbe der Liebe?
Ja, aber gewiß nicht in der stillen, platonischen Form. Hier ist eher die körperliche Seite der Liebe gemeint, Sex und Sinnlichkeit, kein heimlich schwelendes Feuer, sondern eins, das glutvoll entfacht ist und lichterloh brennt.
Über das rote Herz als einfachstes Symbol für die Liebe wurde bereits im vorigen Kapitel gesprochen. Es gibt eine Theorie über die Entstehung der Herzform selbst. So sollen nämlich die nackten Hinterteile von Frauen, die vor ihren Män-

nern in die Höhle krochen, als Vorbild gedient haben. Ein recht derber Bezug, der aber ahnen läßt, wie handfest das Herzsymbol mit Sex und Erotik verbunden ist.
Könnten Sie sich übrigens »gewisse Viertel« mit blauen oder grünen Laternen vorstellen? Nein, das rote Licht der Etablissements spricht eine deutliche Sprache, die auch ohne weitere Erklärung verstanden wird.

Fassen wir zusammen: Rot steht für die Erfahrungen mit den Urerlebnissen Blut, Feuer und Liebe.
Bevor wir uns jetzt näher mit der tiefenpsychologischen Dimension der Farbe Rot beschäftigen, sei ein kurzer Streifzug durchs Altertum und die jüngere Geschichte erlaubt, der facettenartig die weiteren Ausprägungen und Anmutungsqualitäten der Farbe ins Blickfeld rückt.
Schon in Ägypten war Rot eine kostbare Farbe, mit der sich nachweislich die Töchter der Pharaonen schmückten. Damals kam die Mode des Schminkens von Wangen, Lippen und Fingernägeln auf. Aber zu welchem Preis: Um ein wenig Purpurrot zu gewinnen, mußten Sklaven tausende von Purpurschnecken sammeln, zerstampfen und zu Sud zerkochen. Der rote Farbstoff der Schnecke stammt aus einer kleinen (Sexualhormon-)Drüse.
Auch im alten Rom fand die auffallende Farbe Anklang. Aber nur sehr wenige Reiche konnten

sich den teuren Farbstoff leisten. Zuerst war es allein dem obersten Senat vorbehalten, eine rote Toga zu tragen. Später wurde das auch in wohlhabenden Kreisen üblich.
Die Purpurherstellung im römischen Reich war einer eigenen Zunft vorbehalten, die strenger staatlicher Überwachung unterworfen und zur Wahrung ihres Berufsgeheimnisses verpflichtet war. Wenn man sich vorstellt, daß über zehntausend Schnecken notwendig waren, um nur ein Gramm zu gewinnen, und das Färben von einem Kilo Wolle nach heutigen Maßstäben etwa 7000 DM kostete, so wird deutlich, welch kostbaren Luxus der Purpurfarbstoff bedeutete.
Nachdem die Purpurfärberei einen regelrechten Boom erlebte und verschiedene Städte (z.B. Tarent) zu Wohlstand und Ansehen brachte, geriet das Herstellungsrezept langsam in Vergessenheit.
Die Kaiser von Byzanz unterschrieben ihre Briefe und Urkunden noch mit purpurroter Tinte (heute kennen wir dies nur noch von der roten Tinte, mit der Lehrer Fehler korrigieren).
Nach dem Zusammenbruch des römischen Reiches aber kam die Purpurverwendung vollends aus der Mode. Rot fand erst sehr viel später wieder massenhaft Einsatz durch die Krapp-Pflanze (Altrot oder Türkischrot genannt, heute, künstlich hergestellt, als Krapp-Lack bekannt).
Lange Zeit hindurch war Rot das deutliche Zeichen von Macht und Gewalt. Scharfrichter tru-

gen die rote Robe, Kardinäle und Könige den roten Mantel als Zeichen dafür, daß sie Herren über Leben und Tod waren.
Rot war auch die Farbe von Mars, dem römischen Kriegsgott. Die rote Fahne, die sogenannte »Blutfahne« wurde zuerst im römischen Heer eingesetzt. Wenn sie aufgezogen wurde, war dies das Signal für den Angriff: Blut würde fließen.
Später, in der französischen Revolution, tauchten die roten Fahnen massenhaft auf als Symbol des gewaltsamen Umsturzes. So ist es bis heute geblieben. Man kann sich auch schlecht ein Heer von blauen, grünen oder bunten Fahnen vorstellen. Im Wind flatternde rote Banner aber sehen wie züngelnde Flammen aus, erregen den Betrachter und erzeugen ein kollektives Gefühl von Gewalt und Entschlossenheit.
Die Farbe Rot als Symbol der Besitzergreifung manifestiert sich in vielen Wappen und Fahnen. Von 97 Staaten enthalten (nach W. Köhler) 77 Flaggen Rot. Bei 21 Fahnen ist Rot sogar die Grundfarbe. Das bedeutet nun keineswegs, daß all diesen Staaten revolutionäre Gesinnung gemein wäre. Vielmehr wird hier bewußt Rot als Farbe der vereinigten Massen eingesetzt.
Wir wissen, wie Rot auf größere Menschenansammlungen wirkt. Wir brauchen dabei nur an den Stierkampf zu denken und an Fußballmannschaften in roten Trikots, denen man besondere Kampfkraft, Aktivität und Dynamik nachsagt. In beiden Fällen werden mit der Farbe vorrangig

die Zuschauer angesprochen, stimuliert und in gesteigerte Erregung versetzt.
Beim Fußball scheint eine intensive Wechselbeziehung zwischen Zuschauern und Spielern zu bestehen. »Rot fordert Applaus heraus. Durch die unterschwellige Wirkung der Farbe hat der Fan im Stadion schnell die Entscheidung getroffen: Das sind die Stärkeren. Das sind Gewinner-Typen. Die Folge: Den Roten wird schon bei kleinen Erfolgen Beifall gespendet, selbst dann, wenn die Mannschaft auswärts spielt. Das Wohlwollen des Publikums wiederum ermutigt die Spieler und spornt sie zu Höchstleistungen an, was dann wieder mit verstärktem Beifall belohnt wird. Daraus entwickelt sich ein ähnlicher Vorteil wie bei einem Heimspiel.« (Lüscher)
Goethe (der nicht nur Dichter, sondern auch empirisch forschender Farbwissenschaftler war) bezeichnet den Eindruck von Rot in seiner »Farbenlehre« so: »Die Wirkung dieser Farbe ist so einzig wie ihre Natur. Die aktive Seite ist hier in ihrer höchsten Energie, und es ist kein Wunder, daß energetische, gesunde, rohe Menschen sich besonders an dieser Farbe erfreuen.« Damit wird bereits viel über den Charakter der Farbe ausgesagt.
So vielgesichtig und »laut« wie das Leben selbst, war und ist die Wirkung der Farbe Rot auf den Menschen:
Im alten China war Rot die Glücksfarbe, die Krankheiten und böse Geister vertrieb und galt

zugleich als Farbe des Reichtums. Noch heute stellt ein rotgesichtiger Mann im chinesischen Theater eine heilige Person dar. Aus der jüngsten Vergangenheit kennen wir die Roten Garden der Kulturrevolution unter Mao.
Rothaarige hingegen hatten in vielen Kulturen zu leiden: im alten Ägypten wurden sie für die Unfruchtbarkeit des Ackers verantwortlich gemacht und getötet. Im christlichen Abendland (mit Ausnahme vielleicht von Irland) galten rothaarige Frauen als Buhlinnen des Teufels, der sie »mit seiner Höllenfarbe gezeichnet hatte«. Im Orient hingegen, auch in Indien, färben sich noch heute viele Leute die Haare aus Schönheitsidealen mit Henna rot.
Rote Farbtöne wurden von vielen Indianerstämmen zur Dämonenbeschwörung benutzt. Beim Geistertanz wurden die Gesichter rot gefärbt. Vom Medizinmann verteilte rote Gegenstände wie bemalte Knochen, Steine und Tücher galten als glücks- und gesundheitsfördernde Talismane.
Auch bei den Papua in Neu-Guinea, die für uns deshalb so interessant sind, weil sie zum Teil heute noch in Steinzeitverhältnissen leben, gilt Rot als Glücksfarbe.
Die Ureinwohner Neuseelands, die Maori, strichen die Häuser der Häuptlinge und ihre Kriegskanus rot an. Zu bestimmten feierlichen Anlässen wurden sogar die Körper der Häuptlingsfamilien in rote Farbe getaucht.

Im europäischen Mittelalter wurde Rot zum politischen Zankapfel: Während der Bauernkriege wurde als äußeres Zeichen der Gleichberechtigung erbittert um die Forderung gekämpft, daß jedermann eine rote Schaube (damals weitverbreitetes Kleidungsstück, ein vorn offener Mantel) tragen dürfe. Dieses Privileg war bis dahin ausschließlich den Reichen vorbehalten.
Immer häufiger wurde nun Rot als Symbol des politischen Radikalismus eingesetzt. Ob es in der französischen Revolution die roten Mützen der Jacobiner waren (die der Kopfbedeckung der Galeerensklaven nachempfunden waren), oder die roten Fahnen, die roten Hemden von Garibaldis italienischen Freischärlern oder heute die roten Nelken im Knopfloch – stets wurde und wird der Signalcharakter der Farbe richtig verstanden: Als aktive Entschlossenheit für ihre Träger und Provokation für den politischen Gegner. Den aktuellsten Bezug auf höchster Ebene stellt wohl das »rote Telefon« dar, eine Einrichtung, die über den sogenannten »heißen Draht« zwischen Washington und Moskau über unser aller Leben und Schicksal entscheiden kann.

Es ließen sich hier noch endlos Beispiele aufzählen, bei denen sich der typische Charakter der Farbe Rot wie ein »roter Faden« durch die Geschichte zieht, doch würde dies den Rahmen des Buches sprengen. Beschränken wir uns daher auf diese Übersicht und wenden wir uns stattdessen lieber einem anderen wichtigen Erfahrungsbereich zu.

Die Farbenlehren von Malerei und Design schreiben Rot folgende Eigenschaften zu: Kraft, Lebensfreude, Dynamik. Rot drängt sich auf ohne jede Zurückhaltung, vermittelt Wärme, Wohlwollen und sogar Charme. Die Farbe läßt sich eher dem männlichen als dem weiblichen Prinzip zuordnen (nach C. G. Jung), eher einem jüngeren als einem älteren Menschen, mehr dem Ex- als dem Introvertierten, vom Temperament her eher dem südlichen als dem nördlichen Lebensraum. Rot zieht den Blick an, ob man will oder nicht. Die Farbe erhält dadurch einen ausgesprochenen Signalcharakter, der nicht nur bei Verkehrsschildern (alle Verbotsschilder sind rot), sondern auch besonders in der Werbung eine entscheidende Rolle spielt.

Rot suggeriert kraftvolle Gesundheit, Energie, Zuversicht und Leistungsfähigkeit. Es ist eine Farbe, die den Appetit reizt (auch auf Geschlechtliches) und im Verpackungsdesign gern für süße, aber auch scharfe und würzige Produkte eingesetzt wird.

Bei Tests mit sogenannten »Schnellgreifbühnen« (der Vorhang öffnet sich nur kurz, in Sekundenschnelle muß die Testperson spontan die »richtigste« Packung aus dem Angebot herausgreifen) wird immer wieder festgestellt, daß Rot (neben Orange) in kürzester Zeit die größte Aufmerksamkeit auf sich lenkt.

Ein Beispiel aus der Anzeigenwerbung: Drei völlig gleichlautende Textanzeigen für Waschmittel unterschieden sich nur in der Farbgebung der jeweils klein abgebildeten Packung (Rot, Blau, Gelb). Dieser Unterschied führte zu völlig voneinander abweichenden Reaktionen. Die Anzeige mit der roten Packung wurde als »informierend, aktuell, modern, glaubwürdig (!), etwas Neues bietend, wissenschaftlich, technisch, interessant, lebhaft, frisch, attraktiv, jung und konkret« beurteilt. Die Anzeige mit der blauen Pakkung wurde als »zu langweilig und diskret«, die mit der gelben als »zu schwach« eingeschätzt (nach Favre und November).

Nun ist es aber wichtig, an dieser Stelle auf folgende grundlegende Kriterien hinzuweisen:

1. Selten steht eine Farbe völlig allein für sich da. Meistens handelt es sich um Kombinationen verschiedener Farben, die sich gegenseitig harmonisch ergänzen (Farbharmonie/Farbakkordik) oder im Gegensatz (Farbkontrast) verstärken. Schwarz z.B. erhöht die Wirkung von Rot erheblich, Gelb macht sie noch wärmer, dynamischer, mitteilsamer und kommunikativer, Grün-Blau setzt einen krassen Kontrast dazu, der Rot wie aufgepeitschtes Feuer wirken läßt.

2. Keine Farbe läßt sich in die Schablonen »gut« oder »schlecht« pressen. Das ganze Spektrum

der Anmutungsqualitäten einer einzigen Farbe bewegt sich vielmehr zwischen gegensätzlichen Polen. Im Fall von Rot kann sich dies z. B. von absolut lebensverneinend (Aggression, Tötungssignal, Blutrausch) bis hin zu absolut lebensbejahend (Vitalität, Liebe, Gesundheit) bewegen. Bei der Farbe Rot läßt sich also nur der generelle Charakter (nämlich Erregung) feststellen, der sich in verschiedenartigen Ausprägungen manifestieren kann.

3. Rot ist kein spezieller Farbname, sondern eine sehr allgemeine Bezeichnung (ein Begriff wie »Sport« etwa), die mannigfaltige Abtönungen, Nuancen und Unterscheidungen zuläßt.
Mit zunehmender Verdunkelung wird Rot tiefer und prahlerischer. Mit zunehmender Aufhellung temperamentvoller, fröhlicher und phantasievoller.
Purpurrot dagegen wirkt streng, traditionell, reich, mächtig und strahlt Würde aus. Es ist die Farbe der Inkarnation, das Symbol des Väterlich-Göttlichen, das »kalte« Rot der Kardinäle – im Gegensatz zum lauten, heißen und aktiveren Feuerrot. Die unmittelbaren Assoziationen zu Purpurrot sind: erhaben, mächtig, würdig, König, Richter, Amt, Anspruch, Feierlichkeit, pompös und wertvoll.
Je stärker der Gelb- bzw. Orangeanteil am Rot ist, desto aufreizender wirkt es.
Ein Blauanteil bis hin zum geheimnisvollen Vio-

lett und Lila verändert die Anmutungsqualität völlig (siehe Kapitel Violett). Je mehr das Rot ins Bräunliche übergeht, desto stärker werden die »Erregung« zur »Beruhigung«, das »aufregende Lodern« zur »gemütlichen Wärme«. Ein warmes Bordeaux-, Burgunder- oder Rostrot besitzt kaum noch typische Eigenschaften von Rot, hat dafür aber bereits viele Wesenszüge der Farbe Braun (siehe Kapitel Braun). Rosa wird von vielen Malern als scheu, süßlich, romantisch verspielt und weich eingeschätzt. Es mangelt dem Rosa an Vitalität, es ist eher schüchtern und zart, sanft und intim. Rosa wirkt mehr nach innen als nach außen und wird daher ebenso von introvertierten Menschen bevorzugt, wie es die mütterliche Fürsorge anregt. Die unmittelbaren Assoziationen sind: zart, scheu, jungmädchenhaft, süß, süßlich, duftend, fein, leise, mild, Unterwäsche, Frühlingsblüten, Ballett, Kosmetik.

Man wird sich wohl kaum eine Demonstration mit rosa Fahnen, einen Boxer mit rosa Handschuhen oder beim Stierkampf einen Torrero mit rosa Tüchlein vorstellen können.

Verpackungsdesign und Werbung haben sich die Anmutungsqualitäten von Rosa zu eigen gemacht und nutzen sie, wenn es um Fürsorge und Zärtlichkeit, Körperpflege und Babyartikel, sanfte Waschmittel (z. B. Weichspüler) und betont »unaggressive« Medikamente geht.

Wir stellten fest, daß die physiologische (also körperbezogene) Wirkung der Farbe Rot *Erregung* ist. Alle Vorgänge im Körper werden angeregt und beschleunigt, das vegetative Nervensystem direkt beeinflußt. Um diese Vorgänge zu begreifen, sollten wir uns einen kleinen Abstecher auf das Gebiet der Medizin erlauben:

Das Nervengeflecht des Menschen stellt ein kompliziertes, voneinander abhängiges und nach Gleichgewicht strebendes Regelsystem dar, das von zwei Hauptnerveneinheiten gesteuert wird – dem Vagus und dem Sympaticus.

Der Nervus Vagus hat eine beruhigende, der Nervus Sympaticus eine erregende Funktion. Beide zusammen veranlassen im wohl aufeinander abgestimmten Wechselspiel alle automatischen Körperfunktionen, wie Atemtätigkeit, Verdauung, Pulsfrequenz, Blutdruck, Schweißsekretion usw.

Bei Gefahr und außergewöhnlichen Belastungssituationen übernimmt der Sympaticus die Steuerung, schüttet verstärkt Hormone aus (z. B. Adrenalin) und versetzt den Körper so in erhöhte Alarmbereitschaft. Wir nennen diesen Vorgang allgemein Streß. Ist die Gefahr vorüber, so sorgt der Vagus dafür, daß der Organismus wieder auf ein normales, ausgeglichenes Niveau zurückpendelt. Rot scheint also unmittelbar den Sympaticus anzusprechen und den Körper streßartig in Erregung zu versetzen.

Man hat beobachtet (Nienstedt), daß körperliche

Reaktionen auf Farben nicht unbegrenzt lange anhalten. Nach einem anfänglichen Anstieg der Erregung (durch Rot) normalisieren sich die körperlichen Funktionen allmählich wieder. Offenbar kann man sich also selbst an extreme Farbreize gewöhnen und anpassen.

Wenn eine Farbe dazu in der Lage ist, so deutliche Körperreaktionen (wie Streß) auszulösen – wie muß es dann erst um die psychische Wirkung bestellt sein?
Prof. Max Lüscher (der Erfinder des gleichnamigen Farbtests) u.a. kommen zu folgender Einschätzung: Rot bedeutet *Aktivität.* »Wird die erregende Sinnesempfindung des Rot vom subjektiven Gefühl als lustvoll bejaht, gilt Rot als kraftvolle Stärke. Wer Rot bejaht, empfindet sie als stimulierend, aktivierend, als Erobern und expansives Begehren. Rot ist Appetit in all seinen Erscheinungsformen, von der brünstigen Liebe bis zur gierigen Bemächtigung . . . Rot entspricht der aktiven Seite der Macht: der Eroberung.« Damit entspricht Rot also dem uneingeschränkten Selbstwertgefühl, dem Vertrauen in die eigene Stärke und dem eigenen Durchsetzungsvermögen.
Wird Rot jedoch abgelehnt, so wird es als aufregend und quälend eingeschätzt. »Dann wird seine Stärke als Bedrohung empfunden, bewirkt Rot Überreizung und Ekelgefühl, also genau das Gegenteil des reizenden Appetits« (Lüscher).

Mittlerweile findet der Lüscher-Farbtest seit etwa vierzig Jahren Verwendung – in so unterschiedlichen Bereichen wie Experimentalpsychologie, Medizin, Verpackungsgestaltung und Werbung. Viele Einsatzformen mit zum Teil recht interessanten Ergebnissen sind seitdem bekannt geworden. Um nur einige stellvertretend im Telegrammstil aufzuzählen:

Frauen, deren bevorzugte Farbe Rot war, lehnten während der Schwangerschaft plötzlich Rot entschieden ab (H. Klar) und wählten stattdessen Gelb, Blau und Grün. Sie wünschten sich »Lösung von Spannung«, hofften, daß die Erwartungen in Erfüllung gehen (H. Klar).
Auch in Spannungssituationen vor Examen und Prüfungen wird Rot deutlich verdrängt und durch seinen Gegenpol Blau ersetzt. Ebenso verhielten sich europäische Rückwanderer aus dem Krisengebiet Vietnam an Bord eines Schiffes (Klar) und Kriegsgefangene, die jahrelang hinter Stacheldraht und in lebensbedrohlichen Situationen leben mußten (Paul).
Raucher sogenannter »starker« Zigaretten bevorzugen Rot dagegen auffallend. »Hier scheint der Reiz des Rauchens als Abwehr gegen Erschlaffung eingesetzt zu werden.« (Lüscher)
Kaffeetrinker beurteilen den gleichen Kaffee aus einer blauen Kanne als mild, aus einer braunen als zu stark und aus einer roten als aromatisch und kräftig (Favre/November).

Sensible, leicht introvertierte Menschen schreckt das brutal deutliche Rot hingegen eher ab. Die Optimisten unter ihnen geben zu, alles etwas schöner zu sehen, als es eigentlich ist – sie betrachten die Welt durch eine »rosarote Brille«. Man könnte auf diesem Gebiet spielend eine Vielzahl weiterer Beispiele auflisten. Doch macht die Übersicht bereits deutlich, welche Charaktereigenschaften die Farbe Rot besitzt, bzw. anspricht, und wie sie auf die menschliche Psyche wirkt.

Fassen wir zusammen:
Rot ist die aktivste und attraktivste Signalfarbe, fällt sofort ins Auge und will auch gesehen werden, entspricht psychologisch dem Willensmenschen, dem leicht erregbaren Choleriker, steht symbolisch für kraftvolle Männlichkeit, Eroberung, Macht und Herrschaftsanspruch.
Dunkles Purpurrot gibt dagegen eher den Eindruck sowohl von Ernst und Würde, als auch von Huld und Anmut (Goethe).
Karminrot steht für Kraft und glutvolle Macht, Zinnoberrot für ausbrechende Kraft und steigert sich im Gelbrot bis zum Gewaltsamen (Pawlik).
Bläuliche Rottöne wirken stabiler, fester und kontrollierter, Lila und Violett sinnlich und verführbar, weiches Pastellrosa zärtlich und fürsorglich, und bräunliches Rot beruhigend.
Entsprechend dieser Eigenschaften wirken sie

auf den Menschen, lösen bei ähnlich gelagerter Konditionierung Zustimmung, bzw. als Abwehrreaktion Ablehnung aus. Erstaunlich ist dabei, trotz der immer wieder vorgebrachten Beschwörung eines »individuellen Geschmacks«, daß der überwältigende Teil von uns sich genau nach diesen Mustern verhält.
Er halte überhaupt nichts von Psychologie im allgemeinen und Farbpsychologie im besonderen, das sei alles viel zu überspitzt und der reinste Hokuspokus, sagte einmal übelgelaunt ein Bekannter von mir, bevor er ins Kino ging und sich »Ein Mann sieht rot« anschaute. Hinterher fühlte er sich bedeutend besser, der Hauptdarsteller hatte ihm regelrecht aus dem Herzen »geschossen«. Auch ein Fall von Rot.
Rot. Viele Facetten einer Farbe, deren Siegeszug in der Geschichte des Menschen mit den drei Urerlebnissen Liebe, Feuer und Blut begann.

Die Farbe Blau

Nehmen Sie sich Zeit, setzen Sie sich entspannt hin und gönnen Sie es sich, dieses Kapitel in Ruhe auf sich wirken zu lassen. Blau braucht Aufnahmefähigkeit und eine gewisse Bereitschaft zum Meditieren.

Können Sie sich noch erinnern, wie es früher war, als Sie ausgeglichen und fernab vom hektischen Getriebe den »Atem der Natur« um sich spürten? Sie liegen auf einer Sommerwiese, den Rücken im Gras und schauen in den blauen Himmel hinein. Ganz wenige weiße Lämmerwölkchen treiben dahin im schwerelosen Blau, das so unendlich ist, daß der Blick darin wie in einem Meer versinkt. Das Wolkenspiel regt zum Träumen an, das Blau des Himmels aber scheint sich in alle Ewigkeit auszudehnen, so wie Reinhard Mey singt: »Über den Wolken muß die Freiheit wohl grenzenlos sein.«

Ähnliches widerfährt uns im Urlaub, wenn wir etwa auf Felsen oder Dünen am Rand des Meeres sitzen und über die unfaßbaren Weiten des Was-

sers blicken. Wir sehen den Horizont sich wölben, vermuten dort draußen irgendwo die Küsten fremder Inseln, Kontinente und Länder und wissen doch, daß auch hinter der Wölbung immer noch Wasser und Wasser und Wasser kommt.
So wie uns muß es auch den frühen Menschen gegangen sein, den ersten Fischern und Seefahrern, die es hinaustrieb, die Weiten der See zu erfahren. Und all denen, die den Menschheitstraum vom Fliegen träumten. Das ruhige, endlose Blau weckt Sehnsucht in uns, ihm zu folgen, so wie es Goethe in seiner Farbenlehre beschreibt: »Diese Farbe macht für das Auge eine sonderbare, fast unaussprechliche Wirkung. Wie wir einen angenehmen Gegenstand, der vor uns flieht, gern verfolgen, so sehen wir das Blau gern an, nicht weil es auf uns dringt, sondern weil es uns nach sich zieht.« Wenn wir darüber nachdenken, noch mehr – es nachempfinden können – begreifen wir einiges von der unbeschreiblichen Faszination, die Seeleute, die »blauen Jungs«, vor der Ausfahrt erfaßt und Flieger sich immer wieder von neuem in die Lüfte erheben läßt. Nehmen wir jetzt Flugzeuge und Fesselballons, Dampfer und Segelboote, all die Erfindungen menschlichen Expansionsbedürfnisses, einmal weg, denken wir uns zurück in eine Zeit, wo es diese Hilfsmittel noch nicht gab. Was bleibt außer der Sehnsucht? Das endlose Meer, der endlose Himmel, in deren unerreichbarer Tiefe die Geister und Götter zuhause waren. Dieses Blau

war von übermächtigen Kräften beseelt, ja vielleicht selbst die große Seele der Welt.

Auffallenderweise befinden sich die Götter der meisten Religionen – von einigen Ausnahmen abgesehen – immer im Himmel, zumindest aber auf hohen Bergen (Olymp, Himalaja, Ararat, Fudschijama usw.) jenseits der Wolken, von denen sie zu den Menschen herabsteigen können.

So wurden Himmel und Erde nicht nur zu örtlichen Definitionen, sondern auch zu Begriffen, die stellvertretend für Geist und Körper zu verstehen sind. Geist/Seele erscheint mir die am tiefsten gehende Dimension von Blau zu sein, aus der sich alle anderen Definitionen logisch ableiten.

Das Weltbild und Welterlebnis der Urmenschen war, nach allem was wir darüber wissen, ein ganzheitliches, eins das den Kosmos als Einheit des Alls und allem Bestehenden empfand, in dem jedes für sich *all-ein* Abbild und Erscheinungsform der Gesamtheit darstellte. Nichts war wichtiger als etwas anderes, aber alles stand miteinander in Zusammenhang. Wir würden das heute als »vernetztes Denken« bezeichnen, obgleich es damals wohl weniger ein »Wissen« als vielmehr ein »mystisches Ahnen« war. Die zyklischen Vorgänge in der Natur, auch in der Natur des Menschen, waren bekannt und wurden verehrt. Schon in den Jahrtausende alten Schriften der Inder wird Entstehen und Vergehen der Welt als zyklischer Vorgang mit dem Einatmen und Ausatmen verglichen (Wachsen und Schrumpfen der Welt).

Um das Bewußtsein der Menschen im Urzustand zu erfassen, müssen wir unser Augenmerk auf die evolutionäre Entwicklung und Funktion des menschlichen Gehirns richten.
Dieses hat sich aus dem sogenannten *Althirn* zu den beiden, durch sogenannte *Balken* miteinander verknüpften Hälften der *Neocortex* entwikkelt, die sich in ihrer Arbeitsweise grundsätzlich voneinander unterscheiden. Während die rechte Gehirnhälfte, die direkt mit dem *limbischen System* (dem alten »emotionalen« Gehirn) verbunden ist, mehr für das Ganzheitliche zuständig ist, übernimmt die linke Gehirnhälfte die Aufgabe, alles einzeln wahrzunehmen, zu analysieren und zu benennen.
Unter dem Mikroskop sieht das so aus: Die Nervenbahnen der rechten Gehirnhälfte sind relativ lang, ihre Schaltstellen liegen weit auseinander und bilden ein grobes, weitmaschiges Strukturraster. Die der linken sind kurz, liegen vergleichsweise dicht beieinander und bilden ein eng verflochtenes Netz.
»Obwohl die rechte Gehirnhälfte wenig Kontrolle über den Sprachmechanismus ausübt, versteht sie die Sprache und gibt unserer Sprechweise deren emotionelle Färbung. Wenn eine bestimmte Region des rechten Gehirns beschädigt ist, wird die Sprechweise monoton und *farblos*.

Die rechte Hemisphäre ist musikalischer und mehr sexualbezogen als die linke. Sie denkt in Bildern, sieht das Ganze und entdeckt Muster. Sie scheint Schmerzen intensiver zu vermitteln als die linke Hemisphäre.« (Ferguson)

Marshall McLuhan sagt: »Die rechte Gehirnhälfte ›stimmt‹ die Information ein, die linke Gehirnhälfte ›paßt‹ sie an.«

»Die linke Hemisphäre beschäftigt sich mit der Vergangenheit, sie vergleicht die momentane mit einer früheren Erfahrung und versucht, sie einzuordnen; die rechte Hemisphäre ist empfänglich für das Neue, das Unbekannte. Die linke Gehirnhälfte macht Momentaufnahmen, die rechte betrachtet den ganzen Film. Die rechte Gehirnhälfte zieht visuelle Schlußfolgerungen – dies bedeutet, daß sie eine Form identifizieren kann, die nur von einigen wenigen Linien angedeutet wird. Sie verbindet im Geist die Punkte zu einem Muster. Wie die Psychologen es ausdrücken würden: die rechte Gehirnhälfte komplettiert die »Gestalt«. Sie schafft Ganzheit – sie wirkt holistisch (wie ein Hologramm) . . .

. . . Im klassischen Sinn von »Herz und Geist« – im Sinne von Gefühl und Verstand – können wir uns den Kreislauf aus rechter Gehirnhälfte und limbischem System als das Gehirn des Herzens – unseres Gefühls – vorstellen. Wenn wir beispielsweise feststellen: »Mein Gefühl sagt mir«, so beziehen wir uns auf die tief empfundene Reaktion, die von »der anderen Seite des Gehirns« vermittelt wird.« (Ferguson)

Warum dieser relativ weite Abstecher in die Anatomie des Gehirns, und was hat das alles mit der Farbe Blau zu tun?

1. Ich behaupte, der Mensch der Vorzeit nahm wesentlich mehr ganzheitlich wahr, als wir das heute tun. Er empfand, dachte und handelte »rechtslastig«, also emotionaler und gefühlsbetonter.

2. Ich behaupte ferner, daß sich die linke, »analytische« Gehirnhälfte – sehr zum Leidwesen aller »Gefühlsmenschen« – im Verlauf der biologischen Evolution rapide entwickelt und fortschreitend enger vernetzt hat. Der heutige Mensch ist »linkslastig«, ordnet sein Seelenheil dem »logischen« Fortschritt unter, was sich in immer stärker dem Menschen entfremdeter Technologiegläubigkeit äußert.

3. Diese einseitige Ausrichtung schafft eine Disharmonie im menschlichen Sein, fördert das »Unbehagen in der Kultur« und erzeugt Nostalgie, die »Zurück-zur-Natur-Bewegung« und vielerlei religiöse und quasireligiöse Wiedererwekkungslehren, deren gemeinsame Ursache die Sehnsucht nach der verlorenen Ganzheitlichkeit ist.

4. Das visualisierte Gefühl von Sehnsucht nach Ruhe, Ganzheitlichkeit und Verbundenheit mit der »Alleinheit« drückt sich am deutlichsten in der Farbe Blau aus. Blau ist die Farbe des Gemüts.

5. Die meisten Reaktionen in psychologischen Tests und unglaublich viele Aussagen des (von mir hoch geschätzten, weil klug und empfindsamen) Volksmunds deuten darauf hin, daß diese Aussagen zutreffen.

Aber bevor wir auf solche interessanten Aspekte näher eingehen – noch einmal zurück in die Vorzeit:
Es ist zwar umstritten, dadurch aber nicht minder wahrscheinlich, daß in frühen Epochen der Menschheit in vielen Gebieten der Erde ein ausgeprägtes Matriarchat herrschte. Die bisher vorgefundenen Anzeichen dafür sind ebenso zahlreich wie eindrucksvoll. Ebenso wissen wir, daß die Farbe Blau in diesen Kulturen eine zentrale Rolle spielte. Selbst im heute durch und durch patriarchalisch gefärbten Orient finden wir auf Schritt und Tritt Blau als Farbe des Himmels, der positiven Geister und der beschützenden Kräfte des Alls. Zum Beispiel werden dort nahezu alle Türen und Fensterrahmen blau gestrichen, um auf diese Weise die guten Geister auf sich zu lenken.
Aus dem Orient stammt auch die Sitte, Säuglinge in blaue Tücher zu hüllen (eine Tradition,

die sich im Patriarchat ausschließlich auf kleine Jungs erstreckte, weil Mädchen dort weniger »wert« sind. Sehr viel später erst wurde diese Sitte vom Abendland übernommen, das als Äquivalent weibliche Babys in das dem gesellschaftlichen Rollenverhalten entsprechende Zartrosa steckte.)

Auch im Christentum leuchtet das besiegte und unterdrückte Matriarchat noch kräftig durch: Blau, die Farbe der frühen mutterrechtlichen Religionen, schmückt den Mantel der Gottesmutter Maria. Nach der ihr zugeordneten Rolle verkörpert sie nun Ruhe und Innerlichkeit, Treue und Tradition.

Im Gegensatz zum plötzlichen, laut und gewaltsam ausbrechenden Rot des Feuers, steht Blau als ruhiges, ja beruhigendes Sinnbild von Ganzheit und Zyklus für den ewig wiederkehrenden Kreislauf des Seins. Wasser fließt zu Tal, füllt die Meere, steigt wieder auf, vermischt sich mit dem Blau des Himmels und regnet segensbringend herab.

»Im Meer spiegelt sich das Blau des Himmels ins Blau der Unendlichkeit«, sagt ein Haiku (kurze japanische Sinngedichtsform) treffend.

Blau ist von jeher und in allen Kulturkreisen die Farbe des Geistes, des Himmels und der Götter gewesen. Der christliche Gott als Retter der Menschheit trägt (wie Maria) die Himmelsfarbe als Symbol der Wahrheit und Ewigkeit. Schon im Alten Testament gilt Blau als besondere Kultfarbe. Blaue Tücher verhüllten beispielsweise die heiligen Geräte in der Stiftshütte und waren oft die Oberbekleidung von Priestern. Indigoblau stellte die Dreieinigkeit von Vater, Sohn und heiligem Geist dar und wurde in dieser Bedeutungsgebung besonders in der romanischen Buchmalerei auf Darstellungen des Weltgerichts eingesetzt. Purpurblau symbolisierte den unergründlichen Kosmos, das große Geheimnis und die Erlösung durch Christus. Auch die menschliche Unsterblichkeit wurde oft durch Blau symbolisiert. In der orthodoxen Kirche des Ostens steht Türkisblau für Meer und Luftmeer (Himmel), ferner für die von Gott verliehene Lebenskraft.

Im alten Ägypten war Dunkelblau die Farbe des Wassers und damit auch der lebensspendenden Nilgottheiten, zum Beispiel für den großen Gott Chnum, der als »Hüter der Quellen des Nils« im Gebiet der Katarakte über die lebenswichtigen Wassermassen wachte, die den Nilschlamm und damit Fruchtbarkeit und Nahrung mit sich brachten. Es fällt auf, daß die Mehrzahl der Amulette von Gottheiten in grün-blauer Fayence ausgeführt waren. Ebenso gab es viel blauen Schmuck (den sowohl Frauen als auch Männer trugen). Die Verwendung blauen Glases (durch Zusatz von Kobalt) in dieser Zeit geht auf die magische Vorstellung zurück, daß dem Blau eine wundersame und heilkräftige Wirkung innewohnte. Bei besonderen festlichen Gelegenheiten trug der Pharao einen blauen Helm, um seine

direkte Abstammung von den Göttern des Himmels zu dokumentieren.
Auch in China symbolisierte Blau die Mächte des Himmels und die Unsterblichkeit.
In Indien werden verschiedene Gottheiten mit blauem Kopf oder mit blauer Hautfarbe dargestellt. Ein in Blau gemalter Elefant gilt dort als das Zeichen für höchste Vergeistigung und göttliche Erleuchtung. Blau symbolisiert im indischen Denken ferner das »Herz« des schöpferischen Weltprinzips. Als blaues Licht wird der Zustand der Materie am Anfang der Welt gedacht (eine Vorstellung, die verblüffend an die Entdekkung des »Orgons« durch Wilhelm Reich erinnert, auch er beschreibt ja ein blaues Licht, das bei der Freisetzung des Orgons, der Lebenskraft, entsteht).
Die kultische Verwendung von Blau war in nahezu allen frühen Hochkulturen, aber auch bei sogenannten »primitiven« Stammesreligionen, etwa in Zentralafrika und bei den Indianern üblich. Ihre Auflistung würde Bände füllen.

Nun ist ja Blau ein Farbstoff, der in der Natur recht selten zu finden ist. Die Ägypter verwandten hauptsächlich den blaugrünen Stein Malachit, der sich gut zerstampfen und zerreiben läßt. Ebenso fand Azurit (auch Bergblau oder Kupferlasur genannt) Verwendung, war aber als Farbton wenig beständig und schlug leicht ins Grünliche um. Wesentlich schöner und beständiger war dagegen Lapislazuli (Lasurstein), der im vorderen Orient, in Indien und im Hindukusch gefunden wurde. Bei ihm handelt es sich um einen Halbedelstein, der schon in der Antike recht teuer war und in den Schatzkammern der Pharaonen aufbewahrt wurde. Auch die Kreter (Minoische Kultur), Griechen und Römer faszinierte der leuchtende Lapislazuli sehr. Die Steine wurden zermahlen und als pulvrige Pigmentmasse verwendet – bis ins späte Mittelalter hinein, wovon noch viele gut erhaltene Fresken und Tafelbilder Zeugnis ablegen. Uns ist der Lapislazuli besser als »Ultramarin« bekannt. Der Name verrät seine Herkunft (ultra mare, also von weit über dem Meer stammend). Erst 1834 gelang es, den wertvollen Lapislazuli als Grundsubstanz zu ersetzen und ein wesentlich preiswerteres, künstliches Ultramarin herzustellen, das heute als Malmittel verwendet wird.

Ein anderer Blaufarbton, der bereits im Altertum bekannt war, ist Indigo, eine Substanz, die aus dem kompliziert zubereiteten Extrakt der indischen Pflanze »indogofera tinctoria« stammt. Der Farbstoff löste während der britischen Kolonialzeit in Indien andere europäische, in ihrer Leuchtkraft nicht so intensive Pflanzen ab (Heidelbeeren, Holunder, Liguster, Schlehen, Attich u. a) und begann einen wahrhaft weltweiten Siegeszug, denn mit ihm wurden die ersten Jeans eingefärbt. (Das echte Jeans-Indigo blieb natürlich nur so lange am Markt, bis der heute übliche

Kunstfarbstoff aufkam). Mehr als nur Kleiderfarbe, steht das Jeans-Blau auch für eine visualisierte Lebensauffassung: Es verbindet die Menschen über Geschlechterrollen, Alters-, Rassen- und Sozialschranken hinweg miteinander.

Nach diesem Ausflug in die Geschichte der Farbstoffe wenden wir uns wieder der Symbolsprache von Blau zu: Betrachtet man das Wort »Religion« nach seiner Herkunftsbedeutung, so stoßen wir auf Begriffe wie »Verbundenheit« und »Eingehen in eine umfassende Einheit«, die mit Hinwendung, Beschaulichkeit, Treue und Tradition zu tun haben. Insofern ist Blau eine außerordentlich »religiöse« Farbe. Blau steht für das ewigwährende Suchen nach einer liebevollen Einheit, der ursprünglichen Geborgenheit im Mutterschoß.
Ist Rot das krasse Gegenteil, die aufregende Faszination der Außenwelt mit all ihren lauten Details, so wendet sich Blau der inneren Ruhe zu, aus der heraus allein die Gesamtheit des Seins erfaßt und begriffen werden kann.
Es überrascht daher nicht, daß Blau zur Symbolfarbe der Romantik wurde, einer Weltsicht, in deren Mittelpunkt die Einheit einer beständig spürbaren, magisch wirkenden Natur steht.
Novalis verband in seinem Roman »Heinrich von Ofterdingen« (1802) Poesie, Religion und Philosophie zum Symbol der »blauen Blume«, die als »blaue Blume der Romantik« sinnbildlich für die ganze Epoche stand. Er sah die »blaue

Blume« im Traum und spürte sofort, daß dies ein »Schlüsselerlebnis« war:
»Alle Empfindungen stiegen zu einer nie gekannten Höhe in ihm ... Eine himmlische Empfindung durchströmte sein Inneres, mit inniger Wollust strebten unzählige Gedanken in ihm sich zu vermischen, neue, nie gesehene Bilder entstanden, die auch ineinanderflossen und zu sichtbaren Wesen um ihn wurden ...
Berauscht von Entzücken und doch jeden Eindrucks bewußt, schwamm er gemach dem leuchtenden Strome nach, der aus dem Becken in den Felsen hineinfloß. Eine Art von süßem Schlummer befiel ihn, in welchem er unbeschreibliche Begebenheiten träumte, und woraus ihn eine andere Erleuchtung weckte. Er befand sich auf einem weichen Rasen am Rande der Quelle, die in die Luft hinausquoll und sich darin zu verzehren schien. Dunkelblaue Felsen mit bunten Adern erhoben sich in einiger Entfernung, das Tageslicht, was ihn umgab, war heller und milder als das gewöhnliche, der Himmel war schwarzblau und völlig rein. Was ihn aber mit voller Macht anzog, war eine hohe lichtblaue Blume, die zunächst der Quelle stand, und mit ihren breiten, glänzenden Blättern berührte. Rund um sie her standen unzählige Blumen von allen Farben, und der köstlichste Geruch erfüllte die Luft. Er sah nichts als die blaue Blume, und betrachtete sie lange mit unnennbarer Zärtlichkeit. Endlich wollte er sich ihr nähern, als sie auf einmal sich

zu bewegen und zu verändern anfing; die Blätter wurden glänzender und schmiegten sich an den wachsenden Stengel, die Blume neigte sich ihm zu, und die Blütenblätter zeigten einen blauen ausgebreiteten Kragen, in welchem ein zartes Gesicht schwebte. Sein süßes Staunen wuchs mit der sonderbaren Verwandlung, als ihn plötzlich die Stimme seiner Mutter weckte, und er sich in der elterlichen Stube befand, die schon die Morgensonne vergoldete . . .«

Es wird deutlich, daß hier keine bestimmte Blume gemeint ist (wie immer wieder vermutet wurde), sondern ein Symbol für etwas, das so umfassend ist, daß die Sprache nicht mehr ausreicht, es zu benennen. Die blaue Blume ist kein Ziel, sondern der Weg der Erkenntnis und Erlösung, der Liebe und Erfüllung aller menschlichen Träume.

»Du hast das Wunder der Welt gesehen«, heißt es (im Roman) im Traum des Vaters. Die blaue Blume ist eine Art Offenbarung, der Weg in die geheime Welt des Himmels und des Geistes.

Diese Grundhaltung durchwebt die gesamte Romantik. Künstler wie Hölderlin und Novalis, die Gebrüder Grimm, Christian Andersen, Puschkin, Rousseau, Thomas Mann, Victor Hugo, Edgar Allan Poe haben sich der Symbolsprache der blauen Blume bedient, ebenso wie Wagner, Turner, die Philosophen Schelling, Fichte, Schopenhauer und Nietzsche und der »Turnvater« Jahn.

An anderer Stelle beschreibt Novalis die Weltauffassung in einem Gedicht so:

»Wenn nicht mehr Zahlen und Figuren
sind Schlüssel aller Kreaturen,
wenn die, so singen oder küssen
mehr als die Tiefgelehrten wissen,
wenn sich die Welt ins freie Leben
und in die Welt wird zurückbegeben,
wenn dann sich wieder Licht und Schatten
zu echter Klarheit werden gatten
und man in Märchen und Gedichten
erkennt die wahren Weltgeschichten,
dann fliegt vor einem geheimen Wort
das ganze verkehrte Wesen fort.«

Was drückt sich in dieser milden Form der Kulturkritik aus, welche Intention steht dahinter? Man lehnt die Welt der materialistischen, allzu deutlichen Erscheinungsformen als zu aufdringlich und oberflächlich ab, man negiert die linke Gehirnhälfte, die für solche rationale Betrachtungsweise verantwortlich ist. Stattdessen wird die im Geheimen wirkende Kraft der Ganzheit, die ganzheitliche Struktur der rechten Gehirnhemisphäre als das uns wirklich und tiefergehend Bewegende, als Gegengewicht zu unserer emotionslosen Zeit aufgebaut. Je stärker die »Sachzwänge« der modernen Neuzeit werden, desto mehr wächst auch der nostalgische Wunsch nach einer heilen, mit der Seele erfaßbaren Welt.

Wie bei der »blauen Blume« wird im Einzelnen der Schlüssel zur Unendlichkeit gesucht.
Bei den Nazarenern und Präraffaeliten, kurz darauf im naturverbundenen Jugendstil, findet diese Sehnsucht gestalterische Form. Nie sind die Bilder, Plastiken, Gegenstände dieser Zeit formaler Selbstzweck oder nur ästhetische Objekte. Sie werden vielmehr als verschlüsselte Signale, als Symbolsprache eines Alphabets verstanden, mit dem man die Welt auf neuartige Weise, tiefer und gründlicher als jemals zuvor interpretieren kann.
In jüngster Vergangenheit ist das Äquivalent dazu in der neuen Sensibilität der Hippiebewegung zu finden und heute bei der Friedens- und Alternativbewegung, deren Harmoniebestreben deutlich auf die Sehnsucht nach Ganzheit und Gleichgewicht zwischen rationaler Technik und emotionalem Bewußtsein weist.
In diesem Zusammenhang ist es nicht ganz uninteressant zu wissen, daß Blau, das lange Zeit als ausgesprochen »weibliche« Farbe galt und auch heute noch von vielen Frauen dem »männlichen« Rot gegenüber bevorzugt wird, zusehens auch von Männern akzeptiert wird. Auch an dieser Tatsache macht sich das Aufbrechen erstarrter Rollenklischees bemerkbar. Wir wissen ja schließlich, daß wir alle, jeder Mensch, typisch »männliche« und »weibliche« Seiten der Seele besitzt, auch wenn diese mitunter recht unterschiedlich verteilt und ausgeprägt erscheinen. In diesem Zusammenhang sei noch einmal beson-

ders auf die Farbe Violett verwiesen, die eine Mischung und Durchdringung von Rot und Blau darstellt (siehe Kapitel Violett).

Hier nun einige Stimmen zu Blau:
»Die Stille ist der der Schönheit eigentümliche Zustand, wie die Ruhe dem ungestörten Meer«. (Schelling)
»Die Neigung des Blaus zur Vertiefung ist so groß, daß es gerade in tiefen Tönen intensiver wird und charakteristischer innerlich wirkt. Je tiefer das Blau wird, desto mehr ruft es den Menschen in das Unendliche, weckt in ihm die Sehnsucht nach Reinem und schließlich Übersinnlichem. Blau ist die typisch himmlische Farbe. Sehr tief gehend entwickelt das Blau das Element der Ruhe. Zum Schwarzen sinkend bekommt es den Beiklang einer nicht menschlichen Trauer. Es wird wie eine unendliche Vertiefung in die ernsten Zustände, wo es kein Ende gibt und keines geben kann . . . Blau ist konzentrische Bewegung.« (Kandinsky; der zusammen mit Paul Klee, August Macke, Franz Marc u. a. die Künstlergruppe »Die blauen Reiter« gründete.)
»Wie Gelb das Ausstrahlende ist, so ist Blau das Einstrahlende, das in sich Zusammenziehende.« (Steiner)
»Verloren ins weite Blau, blicke ich oft hinauf an den Äther und hinein ins heilige Meer, und mir ist, als öffnet ein verwandter Geist mir die Arme, als löste der Schmerz der Einsamkeit sich auf ins

Leben der Gottheit. Eins zu sein mit allem, das ist Leben der Gottheit, das ist der Himmel der Menschen. Eines zu sein mit allem, was lebt, in seliger Selbstvergessenheit wiederzukehren ins All der Natur, das ist der Gipfel der Gedanken und Freuden, das ist die heilige Bergeshöhe, der Ort der ewigen Ruhe.« (Hölderlin)

Immer wieder wird als beispielhaft für die auslösende Stimmung des Blaus, dieses Gedicht von Goethe angeführt:

»Über allen Gipfeln
Ist Ruh,
In allen Wipfeln
Spürest Du
Kaum einen Hauch;
Die Vögelein schweigen im Walde.
Warte nur, balde
Ruhest du auch.«

Der Volksmund kennt eine Menge »blauer« Begriffe:
»Blau machen« bedeutet Nichtstun, sich freie Zeit und Ruhe gönnen. Der Begriff stammt wahrscheinlich aus der Zeit der Blaufärberei. Das Färbebad wurde am Sonntag angesetzt und nach 24 Stunden, also am »blauen Montag« zur Oxydation an die Luft gebracht, wodurch es sich blau färbte. Der Montag war also für die Färber ein arbeitsfreier Tag. Aus dem gleichen Tätigkeitsbe-

reich abgeleitet ist der Begriff »einbleuen« für: mit Nachdruck einprägen, einschärfen, umgangssprachlich mit »verbleuen« = verprügeln in Verbindung gebracht. Daneben gab es früher noch das alte Wort »einbläuen«, das verbummeln, blaumachen bedeutete.
Ähnlich die oft gemalte »Blaue Stunde«, mit der die arbeitsfreie, ruhige und erholsame Zeit am Nachmittag, eine Art Siesta, bezeichnet wird. Die »Fahrt ins Blaue« hat kein Ziel und keine festgelegte Route, wie das »ins Blaue hineinleben« ins Weite schweift und keinem im voraus festgelegten Zwecke dient. Gleiches bedeutet »in den blauen Dunst hinein reden«, nämlich ohne Konzept frei assoziierend. Wer anderen »blauen Dunst« vormacht, also unterhaltsam fabuliert, vielleicht sogar phantasiert, kann dabei sein »blaues Wunder« erleben, nämlich eine völlig unerwartete Reaktion.

Überhaupt ist Blau oft die Farbe des Wunderbaren, des Märchens, des Rätselhaften, des Traumes, der Meditation. Sigmund Freud und C. G. Jung berichten in ihren Schriften immer wieder über das Auftauchen der blauen Farbe im Traum. Anderes bezeichnet dagegen das »blau sein«, nämlich den schwindeligen Zustand des Betrunkenseins.
Die Sitte, sich in blaue Gewänder zu kleiden, läßt sich in unserem Kulturraum bis ins frühe Mittelalter zurückverfolgen. Das traditionelle

Blau zeugte von zuverlässiger Beständigkeit, von »Treue«, und wurde durchaus auch so symbolisch verstanden. Wenn eine Frau ihren Gatten betrog, so sagten die Nachbarn von ihr: »Sie hängt sich einen blauen Mantel um«, das heißt, sie wahrte zumindest nach außen hin den Anschein der Treue.

In der Blumensprache (denken Sie an die Eindeutigkeit einer roten Rose!) symbolisiert Blau ebenfalls Treue (z.B. Vergißmeinnicht), obgleich der Volksmund in diesem Zusammenhang einige schelmische Doppeldeutigkeiten kennt, die mit Blumen zu tun haben, die leicht ihre Farbe wechseln (Männertreu, Kornblume) und auf die Unzuverlässigkeiten in Sachen Liebe hinweisen.

Das »Königsblau« deutet auf die Verwendung »himmlisch« strahlender Mäntel hin, mit denen sich Herrscher gern (neben dem machtvollen Rot) schmückten. Der Begriff »blaues Blut« für Adlige weist auf die Treue zum König hin. Es existiert dazu aber auch eine zweite Version, die auf die blasse Haut der »Abkömmlinge des Himmels« hinweist, durch die sichtbar das Blau der Adern schimmert.

Ein kühles, »vernünftiges« Blau sind das »Blaue Kreuz« der Alkoholgegner und der »blaue Brief«, der unheilverkündend von der Schule kommt (nach der Umschlagfarbe der offiziellen preußischen Kabinettschreiben benannt).

Im Englischen gibt es den Ausdruck »I'm blue« für eine Stimmung, die irgendwo zwischen Sehnsucht, Weltschmerz, Melancholie und Traurigkeit liegt. Davon abgeleitet kennen wir die Musikrichtung Blues.

Ein »Blaustrumpf« war ursprünglich (im 17. Jahrhundert) ein Polizeibüttel und Spitzel. Später wurde die Bezeichnung als Spottname für »gelehrte Frauenzimmer« eingeführt, die, für damalige Verhältnisse ungewohnt, in Universitäten und schöngeistige Zirkel drängten.

Als »Blaumann« wird eine robuste, zuverlässige und weitgehend schmutzunempfindliche Arbeitskleidung bezeichnet. Auch die Jeans dienen als strapazierfähige »Universalhose« demselben Zweck. Als »blauäugig« (eine Augenfarbe, die zu allen Zeiten ungewöhnlich häufig besungen wurde) bezeichnet man einen naiven, gutartigen und ein wenig weltfremden Menschen, dessen überzeugendste Qualität es ist, unschuldig zu sein. Diese Symbolik scheint weltweit verbreitet zu sein. Viele Naturvölker tragen sie, um ihren Nachbarn Friedfertigkeit anzuzeigen. Bei uns kennen wir die weiße (biblische) Taube auf blauem Grund als Friedenssymbol. Eine weitere Symbolbedeutung besitzt Blau bei Maschinen (um einen ungefährlichen Teil anzuzeigen) und bei Verkehrszeichen (nämlich im Sinne von frei).

Was die physiologische Wirkung der Farbe Blau anbelangt, so sprachen wir im vorigen Kapitel bereits von der Funktionsweise des vegetativen Nervensystems. Blau wirkt auf den Nervus Vagus ein, der seinerseits einen stark beruhigenden Einfluß auf alle körperlichen Vorgänge ausübt: Der Körper wird auf Erholung und Schonung eingestellt. Mit einem Wort: Die physiologische Wirkung von Blau ist *Ruhe*.

Die psychologische wird am besten mit *Zufriedenheit* umschrieben. Lüscher: »Dunkelblau repräsentiert erregungsfreie Ruhe ... Wer sich in diesem ausgeglichenen, spannungslos-harmonischen Zustand befindet, fühlt sich eingefügt, verbunden und geborgen. Darum repräsentiert Blau die Bindung um sich herum: die Verbundenheit ... Im Zustand der Verbundenheit ist man für Unterschiede besonders empfindsam. Daher entspricht Blau allen Arten von Empfindsamkeit ...« Natürlich können Bindungen auch erhebliche Probleme bereiten: »... sie äußern sich entweder als Anklammerung bei betonter Bevorzugung von Blau oder als Bindungsverlust und depressive Isoliertheit bei Ablehnung von Blau.« (Lüscher)

Das bedeutet mit anderen Worten: Wer Blau ablehnt, flieht vor der Ruhe oder einem Zustand der Entspannung, so als könne er sich keine Pause leisten, weil er glaubt, gerade dann etwas Wichtiges zu versäumen. Er stürzt sich beispielsweise lieber in die Aktivität des Rots, wie es auffallend viele Raucher starker Zigaretten tun, die vom Rauchen Anregung und nikotinbedingte Aktivierung erwarten. Für Blau-Ablehner ist die Farbe mit negativen Assoziationen besetzt: zu schlaff, zu kalt, zu langweilig. Sie meiden Blau so, als sei dies eine Krankheit, und haben oft gerade die Wirkung so bitter nötig, wenn sie von einem unbefriedigenden Streßzustand zum anderen hasten. Lüscher u. a. stellten fest, daß ein sich durch Streß dem Herzinfarkt nähernder Mensch deutlich die Farbe Rot bevorzugt. Nach Eggert sind »Ruhe kann ich mir jetzt nicht leisten« die typischen Worte der Infarktkandidaten.

»Wer auch immer Blau ablehnt, entbehrt der befriedigenden Zugehörigkeit, die er benötigt. Dadurch entsteht die ruhelose und gespannte Unrast, das unstete Getriebensein und das Suchen nach Reizen, um die lauernde Erschlaffung oder gar Depression dieser sinn-leeren Lebensweise zu vermeiden.« (Lüscher)

Die beiden schweizer Farbpsychologen Favre und November treffen folgende Feststellungen zu Blau: »Eine tiefgründige und feminine Farbe, die eine ruhige, entspannte Atmosphäre schafft. Sie wird von Erwachsenen bevorzugt und drückt eine gewisse Reife aus, die jedoch an Kindheitserinnerungen hängt. Blau steht in Verbindung zum inneren, geistigen Leben. Es möchte sich nicht verschwenden, wie Rot das tut, sondern will mit Liebe erfaßt werden, nicht mit ungestümer Spontaneität. Die Tiefe in Blau kündet von würdevoller himmlischer Feierlichkeit, wo rationale Erwägungen ignoriert werden. Je dunkler das Blau ist, um so mehr zieht es uns in die Unendlichkeit.

Ein helleres Blau ist weniger auffallend. Sein Charakter regt zum Träumen an. Sein Anblick gibt ein Gefühl von Frische und hygienischer Sauberkeit, besonders wenn es mit Weiß kombiniert wird.
Türkis beinhaltet große Kraft und die Vorstellung von Feuer, aber eines inneren, kalten Feuers. Seine Frische erinnert an einen Bergsee im Sommer.«

Einige spontane Assoziationen zu Blau: passiv, ruhig, fern, zurückgezogen, kalt, naß, glatt, sauber, geruchslos, leise, Himmel, Meer, Sehnsucht, Ferne, Traum, Melancholie, Nachdenken.
Türkis stellt in der Blaupalette einen Sonderfall dar. Als kältester Farbe überhaupt wird zu Türkis klar, eisig, glatt, wässrig, Bergwasser, geheimnisvolles Licht, elektrischer Funke, unpersönlich, eigenwillig, durchsichtig und hygienisch assoziiert.
Dadurch steht Türkis psychologisch für »kalt« und »steril«. Um es uns in seiner Charaktereigenschaft vorzustellen, sollten wir an jene unnahbar-gefühlskalt-sauberen Damen höherer gesellschaftlicher Herkunft denken, die mitunter deutlich mit einem türkisblauen Kleid oder Kostüm die »Unberührbarkeit« ihrer Rasse dokumentieren. Auch in New Wave und Neuer deutscher Welle, die teilweise bewußt cool, schnoddrig, unemotional agieren, ist eine gewisse Vorliebe zum kühlen Türkis festzustellen.

Noch einmal in der Zusammenfassung (nach Lüscher):
Blau entspricht symbolisch dem ruhenden Wasser, dem phlegmatischen Temperament, dem Weiblichen, der horizontalen Richtung, der Girlande in der Handschrift. Die blaue Geschmacksempfindung ist Süße (daher werden Zuckertüten meist blau bedruckt). Die sinnliche Empfindung ist die Zärtlichkeit und ihr Organ die Haut. Bestimmte allergische Ekzeme können mit der gestörten Zärtlichkeit in Liebe und Familie zusammenhängen.
In gewisser Weise finden sich Ähnlichkeiten zwischen Blau und Grün, wenngleich Grün ein ausgeprägtes, spezifisches Eigenleben besitzt (siehe Kapitel Grün), und zwischen Blau und Violett. In Violett ist der Charakter von Blau noch spürbar zu etwa 50% enthalten, wobei der Gegenpol Rot die andere Hälfte ausmacht. Die sich daraus ergebende Mischung gewinnt in der Gesamtheit jedoch eine völlig neue, ungeahnte Qualität (siehe Kapitel Violett).

Noch ein letzter Gedanke zur Form – Itten (der sich auf Untersuchungen über ehemalige Hochkulturen stützt), hat beschrieben, warum Blau und Kreis zusammengehören:
»Ein Kreis entsteht, wenn sich auf einer Ebene ein Punkt in gleichbleibendem Abstand um einen zweiten Punkt bewegt. Im Gegensatz zur harten, gespannten Bewegungsempfindung, die

das Quadrat (Rot) verursacht, erzeugt der Kreis ein Gefühl der Entspanntheit und stetigen Bewegung. Er ist das Symbol des in sich einheitlich bewegten Geistes. Die alten Chinesen haben zum Bau ihrer Himmelstempel kreisförmige Elemente verwendet, während sie den Palast des irdischen Herrschers im quadratischen Charakter bauten. Das astrologische Zeichen für Sonne ist ein Kreis mit einem Punkt in der Mitte. Zum Kreis zählen alle Formen von gebogenem, zirkulärem Charakter wie Ellipse, Eiform, Welle, Parabel und die entsprechenden Ableitungen. Dem sich ohne Anhalten bewegenden Kreis entspricht als Farbe das Blau.«

»Die vollkommene Einheit, Harmonie und Ruhe des dunklen Blaus entspricht der Form einer dunklen Kreisfläche oder Kugel.« (Lüscher) Nicht umsonst wird sowohl ein Wassertropfen als auch unsere Erde insgesamt am deutlichsten mit einem blauen Punkt symbolisiert. Leider stimmt das letzte Beispiel nicht mehr ganz. Astronauten haben es gesehen: unser »blauer« Planet beginnt, mit zunehmender Umweltverschmutzung der Atmosphäre langsam zu vergrauen. Grund genug für unsere rechte (blaue) Gehirnhälfte, im blauen »Age of Aquarius« endlich den Wahnsinn der Selbstvernichtung aus »Sachzwang« zu stoppen und der Natur wieder zu ihrem Recht zu verhelfen.

Die Farbe Gelb

Gelb ist die hellste und leuchtendste unter den bunten Farben. Was liegt näher, als sie mit der strahlenden Sonne zu vergleichen? Jedes Kind, dem wir sagen ›mal eine Sonne‹ greift automatisch zum Gelb im Farbkasten. Dabei ist die Sonne eigentlich nicht gelb, sondern nur ein gleißendes Licht, das die Augen blendet, wenn man direkt hineinschaut. Nur beim Sonnenuntergang am Horizont erscheint die Sonne manchmal in glühendem Orange.

Nein, gelb ist die Sonne nicht und dennoch denken wir sofort an diese Farbe, wenn wir von ihr reden. Das liegt daran, daß wir mit ihrem Licht sofort Wärme assoziieren. Reines Weiß hingegen (und das Licht ist eigentlich weiß) empfinden wir als kalt.

Alles, was die Sonne bescheint, wirkt hell und intensiv, läßt die Farben leuchten und taucht sie in einen warmen, gelblichen Schimmer. Wärme wird, solange sie nicht übermäßig ist, vom Menschen als angenehm empfunden. Schon Goethe

benutzte ein gelbes Glas als »psychologischen Aufheller«, um an grauen Wintertagen die Landschaft zu betrachten.
In seiner Farbenlehre sagt er: »So ist es der Erfahrung gemäß, daß das Gelbe einen durchaus warmen und behaglichen Eindruck mache. Das Auge wird erfreut, das Herz ausgedehnt, das Gemüt erheitert, eine unmittelbare Wärme scheint uns anzuwehen.«
Man kann sich leicht vorstellen, daß die Sonne als größter Himmelskörper sehr früh in den Blickpunkt menschlichen Interesses rückte. Die meisten Religionen der Welt schreiben der Sonne eine zentrale Bedeutung zu und verehrten sie als lebensspendende Gottheit (sogar wir heute noch, wenn wir den heiligen Sonntag als ranghöchsten und wichtigsten Tag der Woche arbeitsfrei und erholsam genießen. Gleiches gilt für die wichtigste Zeit im Jahr, den Urlaub, der für uns ein Synonym für Sonne und Sonnenbaden zu sein scheint).

Bei vielen Naturvölkern und in den frühen Hochkulturen (Ägypten, Peru usw.) wurde die (meist männlich gedachte) Sonne in Kulten als göttliches Wesen verehrt. Diese machtvolle Gottheit schenkte Wärme und Licht, ließ Pflanzen wachsen und sicherte die Ernährung, konnte aber mit ihren Strahlen (Geschossen) auch brennen, Krankheit und Tod verbreiten. Der zuverlässige Aufgang der Sonne stand in harmonischem Einklang zu den Weltgesetzen, eine plötzlich eintretende Sonnenfinsternis erfüllte die Menschen, die dies für das Zürnen der Gottheit hielten, mit Entsetzen und Verzweiflung.

Bei den nordischen Völkern, die klimabedingt einen besonders starken Drang zur südlichen Sonne verspürten, standen Sonnenkulte zentral im Mittelpunkt ihrer Religiosität, zu denen Sonnwendfeiern, Sonnenräder und Hunderttausende in Stein gehauene Sonnenzeichen gehören.

Bekannte Sonnengötter waren Re (Ägypten), Schamach und Nergal (Babylon), Helios (Griechenland), Sol (Rom), Amaterasu (Japan) und die der Maya und Inka. Auch Apollo (im späten Griechenland), Osiris (Ägypten) und Mithras (Kleinasien) müssen (obgleich ursprünglich anderen Kulten zugehörig) der Sonnenverehrung zugerechnet werden. Viele dieser Gottheiten waren zugleich Sonne und allmächtiger Herrscher, fuhren in einer goldenen Barke oder in einem güldenen Wagen über den Himmel. Ihr Weg führte sie von Osten (dem Orient, Ort der Geburt) nach Westen (dem Abendland, Land des Sonnenuntergangs und des Todes) und versank jenseits ins Reich der Schatten, bis er wieder im Osten verjüngt und wiedergeboren aus dem Boden stieg.

Wir erkennen an diesem von jedem leicht nachvollziehbaren Zyklus, woher die Wurzeln des Glaubens an ein ewiges Leben – Geburt/Leben/Tod/Jenseits/Wiedergeburt – stammen.

Aus der sogenannten Amarna-Phase des ägyptischen Reiches (um 1370 v. Chr.) kennen wir den berühmten Sonnengesang des Echnaton (Amenophis IV., der seinen Namen nach der Bezeichnung für Sonne – aton – umbenannte), eines der frühesten Gedichte der Welt:

Wie herrlich ist dein Aufgang
am Rande des Himmels, o lebender Aton,
Ursprung des Lebens!
Wenn du am östlichen Himmel aufsteigst,
füllst du das ganze Land mit deiner Schönheit.
Du bist schön und groß und glänzest
hoch über allem Land.
Deine Strahlen umarmen die Länder,
soweit deine Schöpfung reicht.
Du bist Ra,
du nimmst die Menschen alle gefangen
mit deiner Liebe
und bezwingst sie für deinen geliebten Sohn.
Obschon du fern bist, fallen deine Strahlen
auf die Erde,
und die Gesichter sind dein Spiegelbild.
Hell wird die Erde,
wenn du am Himmelsrande aufgehst
und als Aton am Tag scheinst.
Du vertreibst die Dunkelheit,
sobald du deine Strahlen verschenkst.
Dann glänzt Ägypten im Festkleid.
Die Menschen erwachen und stehen auf;
denn du hast sie aufgerichtet.

Sie waschen ihre Glieder
und greifen nach den Kleidern:
Im Anblick des Aufganges
erheben sie die Arme zur Anbetung.
Und das ganze Land geht an die Arbeit.
Alles Vieh grast zufrieden von seinen
Kräutern;
Bäume und Gräser ergrünen neu.
Die Vögel flattern aus ihren Nestern
und heben die Schwingen zu deiner
Verehrung.
Das Wild springt munter umher.
Die Vögel und alles, was Flügel hat, freut sich,
wenn du über ihnen aufgegangen bist.
Die Schiffe fahren stromab und stromauf,
und alle Wege sind offen,
weil du ihnen leuchtest.
Die Fische im Strom springen vor dir.
Deine Strahlen sind mitten im Meer.
Du läßt die Frucht sich entwickeln
in den Frauen; du bist es,
der den Samen in den Männern schafft;
Du schenkst Leben dem Knaben
in seiner Mutter Schoß;
Du bist es, der ihn beruhigt, damit er nicht
weint.
Du schaffst die Jahreszeiten,
damit sich alles,
was du geschaffen hast, entwickle.
Die Überschwemmungszeit, um die Erde zu
kühlen.

Den Sommer, damit du sie erwärmst.
Du hast den Himmel, den fernen, geschaffen,
damit du an ihm aufgehen,
damit du alles schauen kannst,
was du geschaffen hast.
Als du allein warst,
aufsteigend in deiner Gestalt
als lebender Aton,
aufgehend, strahlend,
dich entfernend und wiederkommend.
Du hast Millionen Gestalten geschaffen
  aus dir:
in Städten, Dörfern, auf den Äckern,
auf der Landstraße und am Strom.
Alle Augen sehen dich über sich,
wenn du als Aton des Tages
über der Erde stehst.
Du hast ihre Augen geschaffen,
damit auch sie sehen können,
was du geschaffen hast.
Du bist in meinem Herzen.
Niemand kennt dich
außer deinem Sohn Echnaton.
Du hast ihn in deine Pläne eingeweiht
und in deine Stärke.
Die Erde ist durch deine Hand entstanden,
wie du es gewollt hast.
Die Menschen leben, wenn du aufgehst;
wenn du untergehst, sterben sie, denn
du bist die Lebenszeit selber,
und man lebt durch dich.

Alle Augen sind auf deine Schönheit gerichtet,
bis du untergehst.

(Aus dem Sonnengesang König Echnatons,
Deutsch von Werner Bögli)

An dieser Stelle sei bereits auf den polaren psychologischen Gegensatz von Sonne- und Mondbezogenheit hingewiesen. Sonne, Wärme und Gold sind in der Geschichte der Menschheit untrennbar miteinander verbunden (aus diesem Grund wird die Farbe Gold innerhalb dieses Gelb-Kapitels besprochen). Mond, Wasser, Kühle und Silber bilden dazu einen Kontrapunkt (siehe Kapitel Silber), der sich in den meisten Religionen wiederspiegelt. Dieser Widerstreit zwischen zwei Extremen dürfte mit dazu beigetragen haben, daß Echnaton mit seiner monotheistischen Weltanschauung von einer beispiellosen und übermächtigen Rolle der Sonne scheiterte. Dies vor allem bei einem Volk, das deutlich unter den Mondzeichen (Widderhörner, Amun) stand und viel zu sehr unter der Sonnenglut litt und sich daher verständlicherweise nach der erfrischenden Kühle des Abends und der Nacht sehnte.

Wir können das heute verstehen – unterscheiden doch auch wir sonnenausgerichte Tagmenschen (»Sonnenanbeter«) von den eher mondorientierten Nachtmenschen (»Mondsüchtige«).

Dennoch gab es bereits vor Echnaton (und danach) religiöse Bestrebungen, die Sonne ins Zentrum der Anbetung zu rücken. Ein altes ägyptisches Märchen umschreibt diesen Glauben so: Ein Zauberer kündigte Pharao Cheops die Geburt eines Sohnes an, der den Sonnengott Re zum Vater und zur Mutter die Frau eines Priesters haben sollte. Die Götter stiegen eigens vom Himmel herab und halfen der Frau bei der Geburt. Und siehe da – der Körper des Kindes war aus purem Gold und alle sagten: Dies ist ein König ... So kam also ein Teil der Sonne, reinkarniert in Form eines goldenen Kindes, als Herrscher zu den Menschen. Eine Erklärung, die deutlich machen soll, daß der Pharao nicht nur weltlicher König, sondern zugleich von himmlischer, göttlicher Abstammung war.

Was ist nun das Wesentliche am Gelb?

»Gelb ist das Ausstrahlende«, sagt Rudolf Steiner. Gelb ist sich ausdehnende Wärme, ist auffällig, heiter, sanft reizend und hat die Tendenz, sich stärker als alle anderen Farben auszubreiten, sagen die Maler.

»Das Gelb neigt dermaßen zum Hellen (Weiß), daß es überhaupt kein sehr dunkles Gelb geben kann ... Betrachtet man einen mit Gelb gefüllten Kreis, so bemerkt man, daß das Gelb ausstrahlt, eine Bewegung aus dem Zentrum bekommt und sich beinahe sichtbar dem Menschen nähert ... Gelb beunruhigt den Menschen, regt ihn auf und zeigt den Charakter der in der Farbe ausgedrückten Gewalt, die schließlich frech und aufdringlich auf das Gemüt wirkt. Diese Eigenschaft des Gelbs, welche große Neigung zu helleren Tönen hat, kann zu einer dem Auge und dem Gemüt unerträglichen Kraft und Höhe gebracht werden. Bei dieser Erhöhung klingt es wie eine immer lauter geblasene, scharfe Trompete oder ein in die Höhe gebrachter Fanfarenton.« (Kandinsky)

All diese Eigenschaften, besonders aber der oberflächlich glänzende, sich dem Auge regelrecht aufdrängende Effekt, werden noch einmal im Gold gesteigert.
»Nach Golde drängt, am Golde hängt doch alles. Ach wir Armen!« sagt Goethe (im Faust) und verbalisiert damit sehr treffend die geheimnisvolle, kaum noch rational erklärliche Faszination, die zu allen Zeiten von diesem Edelmetall ausging. Natürlich war es immer schon kostbar, weil selten. Aber andere Materialien waren noch seltener, ohne jemals die Wichtigkeit von Gold zu erlangen. Man kann sich die Faszination nur damit erklären, daß Gold wie in der Erde gefangenes Sonnenlicht glänzt. Gold galt als Bestandteil der Sonne und hatte dadurch deren innewohnende göttliche Kraft. Man denke daran, daß goldene Helme, Kronen und auch Heiligenscheine tatsächlich, wenn Licht darauf fällt, wie kleine Sonnen strahlen. Auch die runde Form der Goldmünzen symbolisiert deutlich die Sonne.

Kleiner geschichtlicher Exkurs über Gold:
Ägypten war in der Frühzeit das goldreichste Land, aus dem viele bedeutende Funde von Schmuck, Amuletten, ja sogar ganze Pharaonensärge aus purem Gold stammen. Gegen Ende der Bronzezeit begann die Goldsuche auch in anderen Teilen Afrikas, in Kleinasien und Indien. Goldfunde kennen wir auch aus den Siedlungsräumen der Germanen, Gallier, Slawen und Helvetier.
Das goldarme Rom kam erst durch die Eroberung und Einverleibung der iberischen Halbinsel ins römische Weltreich in den Besitz größerer Mengen Goldes.
Mit der blutigen Unterwerfung Mexikos und Perus durch die spanischen Konquistadoren (Cortez, Pizarro u. a.) fielen den Spaniern unvorstellbare Schätze in die Hände. Bei den Inkas und Azteken war Gold kein Zahlungsmittel, sondern ausnahmslos Symbol für ihre Götter und Könige. »Die Sonne ist der Adler mit den feurigen goldenen Pfeilen, des Jahres Herr und Gott« sagt eine aztekische Überlieferung.
Sie begriffen den »Goldrausch« nicht, der die weißhäutigen Eroberer erfaßte. Nach einer in der Geschichte beispiellosen Ausplünderung ganzer Landstriche versiegten die Goldlagerstätten Süd- und Mittelamerikas langsam. Nur einige tollkühne Abenteurer trieb es noch auf der Suche nach dem sagenhaften »Eldorado« herum, wo es Gold in solchem Überfluß geben sollte, daß die

Einwohner darin baden konnten. Natürlich wurde dieses Land nie gefunden.
Dafür begann im 19. Jahrhundert der Goldrausch im »Wilden Westen« Amerikas, der Hunderttausende von Schatzsuchern, Glücksrittern und zwielichtigen Gestalten anzog. Ähnliche Goldfelder entdeckte man in Alaska, in Australien, Südafrika und Sibirien.
Immer hat es schon Versuche gegeben, Gold auf künstliche Weise herzustellen. Die ersten Berichte über solche alchimistischen Experimente stammen aus Ägypten. Im 16. und 17. Jahrhundert breitete sich die Sitte des »Goldmachens« über ganz Europa aus und war von einer seltsamen Mischung aus Mystik, Naturwissenschaft, Spiritismus und Philosophie umgeben. Viele suchten den sogenannten »Stein der Weisen«, der die Umwandlung aller Elemente bewirken sollte. Die wenigsten faßten ihn als Prozeß der inneren Erkenntnis auf; für die meisten war die Alchimie nur der erfolglose Versuch, aus materiellem Elend herauszukommen.
Daß die Experimente der Adepten nicht gänzlich überflüssig waren, beweist die stattliche Liste von Erfindungen, die als mehr oder weniger zufällige Nebenprodukte in ihren Labors entstanden: Glaubersalz und Phosphor, die Herstellung von Pozellan und Rubinglas – um nur einige stellvertretend zu nennen.
Vielleicht aber waren sie auch intuitiv auf dem richtigen Weg. Denn es ist der modernen Atom-

physik inzwischen gelungen, tatsächlich künstliches Gold zu erzeugen – nur zu einem Preis, der den Wert natürlichen Goldes um ein Vielfaches übersteigt.
So irrational und unverständlich die Überbewertung des Goldes durch den Menschen auch ist – sie setzt sich bis in unsere Tage fort. Noch immer bildet die in Bunkern (Schatzkammern) gelagerte Goldreserve Rückgrat und Meßlatte jeglicher Währung.
Unzählige Sagen und Mythen ranken sich um das Gold. Um nur eine der bekanntesten anzusprechen: Das »goldene Vlies« der Griechen war angeblich das Fell eines geflügelten goldenen Widders, das Hermes dem Phrixos schenkte. Phrixos flüchtete damit vor seiner Stiefmutter an die Küste des Schwarzen Meeres. Am Hof des Königs von Kolchis wird er gastfreundlich aufgenommen und schenkt dem Gastherrn aus Dankbarkeit dafür das Fell. Von nun an wird es von einem Drachen gehütet.
Nun taucht Jason auf, der das goldene Vlies herbeischaffen muß, um seinen rechtmäßigen Thron einnehmen zu können. Auch Jason wird freundlich empfangen und fordert das goldene Vlies als Gastgeschenk. Der König fordert eine Mutprobe von ihm: Jason soll mit zwei feuerspeienden Drachen ein Feld pflügen und die Zähne eines der Drachen säen, aus denen später dann starke Männer wachsen würden.
Medea, die Priesterin der Unterwelt, kommt Ja-

son zu Hilfe und überlistet den Drachen. Jason flüchtet mit dem goldenen Vlies. Der Raub wird entdeckt und führt zu einer Verfolgungsjagd durch die Kolcher und schließlich in einer blutigen Schlacht zum Tod aller Beteiligten.
Der mittelalterliche Dichter Georg Agricola, für den das Gold kein Symbol der Ewigkeit mehr darstellt, sondern für den die Sage vom goldenen Vlies ein Bericht über frühe Goldgewinnung (mit Hilfe von Widderfellen in goldführenden Flüssen) ist, schreibt dazu: »Denen ist das Gold gut, die es recht zu gebrauchen wissen, aber denen bringt es ernstlich Schaden, die es übel brauchen. An den Lasten dieser Welt sind nicht die Dinge schuld, die man aus der Erde fördert, sondern allein der grausame Unverstand der Menschen oder die blinde und gottlose Gier der Herzen.«
Wir kennen den »Tanz um das goldene Kalb«, mit dem Gott Mammon verehrt wurde. Viele Begriffe weisen auf die außerordentliche Wertschätzung des Goldes hin: Goldene Bulle, Goldene Horde, goldene Hochzeit, Goldmedaille, goldener Schnitt, goldene Mitte usw. In der Ikonenmalerei bekommt Gold in der Kunst seine höchste Bedeutung. Die Ursprünge dafür reichen bis in die Zeit des alten Ägypten hinein, wo man sogenannte »Mumienportraits«, stark symbolisierte Abbilder der Verstorbenen, fertigte und mit Goldgrund auslegte. Die späteren Heiligenbilder folgten dem gleichen Prinzip, sie stellten keine »echten« Personen, sondern immer wieder

kopierte und abstrahierte Symbolgesichter dar, denen durch das glänzende Gold eine überirdische, paradiesische Heimat zugeordnet wird.
Das lateinische Wort für Gold ist aurum. Davon abgeleitet, kennen wir die Begriffe Aureole (Heiligenschein) und Aura (menschliche Aura – in der Mystik die sichtbare Ausstrahlungskraft eines Menschen, auch im übertragenen Sinne gebräuchlich).
Immer wieder aber wird Gold als Zeichen für strahlendes Glück aufgefaßt. Eine Symbolsprache, die ihren Charakter bis heute beibehalten hat.

Kommen wir zurück zum eigentlichen Thema dieses Kapitels – zur Farbe Gelb.
Wir sagten, Gelb hat keine Tiefe, nur reflektierende Oberfläche. Es ist die Farbe, die das auf die Oberfläche treffende Licht am stärksten reflektiert. Gelb scheint nicht zu haften, sondern über die Oberfläche zu gleiten und sich nach allen Seiten hin strahlend auszubreiten.
Diese Beschreibung trifft die psychologischen Charaktereigenschaften der Gelb-Wirkung am deutlichsten. Lüscher sagt:
»Gelb repräsentiert das psychologische Grundbedürfnis, sich zu entfalten. Es wird von Menschen bevorzugt, die veränderte, befreiende Verhältnisse suchen, um ihre erregte Spannung in der erhofften Weise zu lösen, um sich glückli-

cher entfalten zu können. Sie benötigen die Erwartungsspannung und den erregenden Reiz der Hoffnung, um nicht in die enttäuschte, depressive Erschlaffung abzusinken. Eine Gelbbevorzugung findet man bei Menschen, die sich wegen eines fehlenden oder unbefriedigten Zuhause, von Fernweh getrieben, auf weite Reisen begeben.«

Und zu Gold:

»Wenn die Farbe Gelb schon Ausdruck zur Auflösung und des Glückes ist, so wird gerade diese Bedeutung noch durch die polierte, brillierende Oberfläche des Goldes gesteigert. Gold repräsentiert – unabhängig von seiner Kaufkraft – das Gefühl des strahlenden Glücks.«

»Lösung« als physiologische und »Veränderung« als psychologische Bedeutung stehen für die Farbe Gelb.

Favre und November ergänzen: »Gelb ist die leuchtendste aller Farben, es ist auch die grellste und heiterste. Gelb ist jung, von geradezu aufdringlicher Lebhaftigkeit und extrovertiert. Diese Eigenschaft wird besonders in den hellen Tönen sichtbar. Im Gegensatz zu Blau gibt es keine Vorstellung von Tiefe. Goldgelb ist aktiv, während Gelb mit einem Grünstich eine unangenehm berührende Wirkung hat.«

Im letzten Teil des Satzes wird eine Eigenschaft angesprochen, für die der Volksmund die Bezeichnung »gelb vor Neid werden« gefunden hat. Damit wird ein kaltes, zitroniges Gelb gemeint, zu dem man außer »sauer« auch »giftig, künstlich, gefährlich und krankhaft« assoziiert.

Die Assoziationen zum reinen Gelb sind: Sonne, Tag, Wärme, hell, klar, bewegt, frei, sehr leicht, Fanfarenklang, stark, lustig, grell, Neugier, Vorsicht, Nervosität.

Zu Goldgelb: strahlend, sonnig, anregend, wärmend, leicht, lichthaft, heiter, gute Laune, Kornähren, platinblond, Weite, Offenheit, Mitteilung, jugendlich, gesellig.

Ein rötliches Gelb verstärkt den Eindruck von Fröhlichkeit und Zufriedenheit. Alle Betrachtungen zum Orange werden hier bewußt weggelassen und im Kapitel Orange gesondert behandelt.

Braungelb, das bernsteinfarbene Honiggelb, weist bereits deutliche Elemente des Braun (siehe dort) auf. Assoziationen: sinnlich, behaglich, dickflüssig, genießerisch, anschmiegsam, warm.

Aus der Experimentalpsychologie sind einige interessante Auswirkungen der Farbe Gelb bekannt. So bevorzugen beispielsweise Schwangere, die (nach Read) auf eine angstfreie Geburt vorbereitet sind, auffallend häufig Gelb. Hier scheint der Wunsch deutlich zu werden, die Spannung der Schwangerschaft durch die nahende Geburt glücklich zu lösen und sich durch das Gelb entfalten zu können. Bei chronischen Alkoholikern ist eine besonders starke Ablehnung von Gelb festzustellen (Busch). Wieder einmal offenbart sich hier die Janus-Köpfigkeit einer jeden Farbe: Wer Hoffnung hat, bevorzugt Gelb, wer enttäuscht ist, lehnt sie entschieden und angstbesetzt ab.

Lüscher äußert sich dazu sehr deutlich: »Wer als Enttäuschter Gelb ablehnt, der hat irgendeinen Verlust noch nicht verschmerzt. Die erregende Spannung, die zur Hoffnung und Erwartung drängt, bleibt aufgestaut und kann bedrohlich werden. Der Farbentest offenbart den Alarmzustand: Wenn der Verzweifelte nach dem Strohhalm greift und noch eine letzte Hoffnung erzwingen will, dann bevorzugt er noch einmal Gelb, aber zusammen mit der zwingenden Farbe Schwarz.« Diese Farbkombination muß in der Tat aufhorchen lassen – kennen wir doch Gelb-Schwarz zumeist als eindeutiges Warnsignal: bei Wespen, Hornissen, auf Rattengift-Packungen und als Verkehrszeichen, das sofort ins Auge springt, zum Beispiel die gelb-schwarz gestreiften Leitplanken in Parkhäusern. Gelb auf Schwarz ist nicht nur ein extremer Hell-Dunkel-Kontrast, sondern darüber hinaus der Zusammenprall zweier grundsätzlich verschiedenartiger Anmutungsqualitäten, zwischen denen Welten stehen (vergleichen Sie hierzu das Kapitel Schwarz).

Noch ein Wort zur Warnfunktion von Gelb: Jeder Fußballfan weiß, was es bedeutet, wenn der Schiedsrichter einem Spieler die gelbe Karte zeigt. Hier fungiert Gelb eindeutig als Warnung. Die nächste Steigerung dazu stellt Rot dar – die rote Karte bedeutet Platzverweis.

Wir wissen von Kindern, daß sie grundsätzlich keine Probleme damit haben, die Grundfarben (also Rot, Blau, Gelb) grell und naiv nebeneinander zu setzen. Anders verhält es sich schon mit dem um vieles komplizierteren Farbempfinden von Erwachsenen. Hier wird Gelb allein oft als »schreiend« und »aufdringlich« empfunden. In der Kombination zu anderen Farben erwachsen hieraus Schwierigkeiten: Gelb und Blau (nach Goethe die Farben der Narren), Gelb und Rot (zwei sich in ihrer Aktivität bis zum »Billigen« hin steigernde Qualitäten) und Gelb und Grün (polarer psychologischer Gegensatz zwischen sich entladender, dynamischer Energie – Gelb – und aufgeladener, statischer Energie – Grün).
Im Einsatz bei Malerei und Nutzanwendung (Verpackung, Werbung) ist immer wieder festzustellen, welch sorgfältige Verwendung sowohl in quantitativer als auch qualitativer Hinsicht gerade eine so auffallende Farbe wie Gelb erfordert.

Was Gold anbelangt, so ist die Verwendung hier leichter und eindeutiger. Gold vermittelt immer den Eindruck von Wert, wertet den Inhalt auf, ist kraftvoll und konzentriert. Besonders in der Verbindung mit Schwarz und Rot steigert Gold die Exclusivität jedes Produktes, sei es in der Kosme-

tik-, Zigaretten-, Süßwaren- oder Getränkebranche angesiedelt. Goldene Packungen liegen eindeutig preislich höher als andere Marken.
Gold spricht eben, wie es über Generationen hinweg gelernt wurde, die Allgemeinheit an, obwohl bei einer bestimmten, kleinen, avantgardistischen Zielgruppe bereits ein Wertverfall von Gold einsetzt und stattdessen eher das kühlere Silber oder Platin (»to know, it's platin«) Zustimmung findet. Gold wird von diesen Menschen bereits als kitschig, aufdringlich und »billig« eingestuft. Oder äußert sich in diesem Verhalten bereits wieder eine antizyklische Hinwendung vom Sonneneinfluß weg hin zum Mond?

Zum Schluß eine nachdenklich stimmende Anekdote über den französischen Maler Yves Klein, der in seinen Bildern häufig Gold verwendet. Er sagt: »In jedem Menschen existiert der Stein der Weisen, der ihm die ungewöhnliche Macht verleiht, alles was er anfaßt, zu Gold werden zu lassen. Doch was uns schwerfällt, ist die Gabe, zu entdecken.«
Er hat eine eigenartige Gold-Geld-Wert-Theorie entwickelt:
Bei einer Ausstellung hingen elf gleich große, gleich strukturierte Bilder von ihm, die aber unterschiedlich viel kosteten. Bezahlt werden mußte in Barrengold. Dafür erhielt der Käufer eine »Zone der immateriellen malerischen Qualität«: Yves Klein stellte einen Scheck aus mit

der Mitteilung »Diese übertragene Zone kann von dem Eigentümer nur für den doppelten Wert abgetreten werden, der Überträger verliert dadurch seine eigene Sensibilität«.

In Übereinkunft mit dem Käufer wurde dann der Scheck verbrannt und das Gold zur Hälfte in den Fluß geworfen, die andere Hälfte behielt Klein als Besitzer und Vermittler der Sensibilität. Er betrachtete aber weiter die gesamte Goldmenge als den »absolut inneren Wert« – zur Hälfte bei ihm – zur Hälfte im Fluß (nach Hardy). Eine ähnlich schockierende Reaktion löste Joseph Beuys auf der Kasseler documenta 7 mit dem Umschmelzen einer goldenen Zarenkronen-Dublette in einen ordinären Osterhasen aus.

Wandelt sich also die Beziehung zum Gold? Bei der überwiegenden Mehrheit sicherlich nicht. Steigende Goldpreise am Markt beweisen es.

Die Farbe Grün

»Grün ist Leben« steht auf den Kisten mit Gemüse, Pflanzen und Blumen vorm Supermarkt. Sie haben recht, sie haben tiefer und nachhaltiger recht, als es sich der Texter bei der Kreation dieses Werbeslogans hat träumen lassen. Denn wir alle, unser Leben, unsere Gesundheit, unser Wohlbefinden, hängen unmittelbar vom Grün der Pflanzen ab. Ob es die Luft zum Atmen ist, die uns die »grünen Lungen« ringsum spenden, die Nahrung, die auf pflanzlicher Basis beruht (auch das Fleisch stammt ja von Tieren, die sich zuvor von Gräsern und Blättern ernährten) oder die den Nerven wohltuende Natur ringsum – ohne Grün ist auf der Erde kein menschliches Leben denkbar. Grün ist Leben, Grün wächst, Grün kommt – hoffentlich – immer wieder.

Ja, was wäre, wenn das lebensspendende Grün ringsum ausbliebe? Wenn nach einem endlos langen Winter etwa die Wiesen und Felder nicht wieder ergrünen würden? Oder ein allzu heißer

Sommer alles gnadenlos versengen und verbrennen würde? Unvorstellbar?
Die Sahel-Zone ist weit weg, die regenarmen, ausgedörrten Dürregebiete der Erde. Und doch hat es überall schon einmal Hunger gegeben, selbst hier hat Dürre ganze Landstriche zur öden Wüste gemacht und unvorstellbare »Hungermärsche«, ganze Völkerwanderungen, ausgelöst. Die Menschen wissen das, sie können sich erinnern. Ein uraltes Wissen sagt uns, daß unser Überleben erst dann gesichert ist, wenn wieder frisches Grün aus der Erde sprießt. So ist Grün zum Symbol der Hoffnung für viele Völker geworden, zum Symbol der Hoffnung auf Leben und Überleben.
Ganz unterschiedliche Zonen der Erde, Rassen, Kulturen und Religionen finden sich unter diesem Zeichen der Hoffnung zusammen: das Christentum, dessen Heilsbringer Jesus mit einem frischen grünen Palmwedel als Symbol des ewigen Lebens in Jerusalem einzog. Der Islam, dessen grüne Fahne des Propheten das Gleiche ausdrückt und nur zu verstehen ist, wenn man die Weiten der endlosen Wüste kennt. So muß es einem beinahe Verdurstenden ergehen, wenn er endlich am Horizont den grünen Streifen einer Oase erblickt.
Oder die todesmutigen Wikinger, die in den kargen Eisflächen Grönlands voll Hoffnung ein neues Leben begannen und die Insel (Grönland = Grünland) danach benannten.

Wir brauchen gar nicht so weit zu gehen, auch bei uns im Winter ist es ja Sitte (und war es bereits in vorchristlicher, heidnischer Zeit), einen immergrünen Weihnachtsbaum als Zeichen des ewigen Lebens in die Wohnstube zu holen.
Neuerdings hat die hoffnungsvolle Hinwendung zum Grün – angesichts sterbender Wälder – wieder neuen, ungeahnten Auftrieb bekommen. Eine ganze politische Richtung nennt sich DIE GRÜNEN, Greenpeace kämpft weltweit gegen die fortschreitende Umweltzerstörung an und Künstler von Rang nehmen sich verstärkt der Problematik an: Joseph Beuys begann auf der documenta 7 mit seiner Baumpflanzaktion »7000 Eichen für Kassel«, Ben Wargin pflanzt seit Jahren Gingko-Bäume (übrigens ein sogenannter Urbaum, dessen Wälder früher ganze Kontinente bedeckten).

Die Farbe Grün steht in direkter Verbindung mit dem Lebens- und Wachstumsprozeß. Gäbe es kein Blattgrün, so gäbe es auch keinen organischen Substanzaufbau, von dem die Tiere leben. Bei der Assimilation der Pflanzen handelt es sich um einen Prozeß, bei dem aus unorganischen Stoffen organische entstehen und damit biologisch verwertbare Energie, auf die alles Leben angewiesen ist. Noch immer ist die Assimilation, die »Photosynthese«, bei der der Blattfarbstoff Chlorophyll eine entscheidende Rolle spielt, nicht restlos geklärt. Wir wissen nur, daß das grüne Chlorophyll eine chemisch sehr komplizierte Verbindung darstellt, die dem roten Blutfarbstoff Hämoglobin ähnlich ist.

Auf der Urpolarität Blutrot und Blattgrün scheint das ganze Leben aufgebaut zu sein. Anthroposophen sprechen vom »roten und grünen Lebenssaft der Welt« und einer »inneren und äußeren Atmung« (Körper und Erde).

Dem frühen Menschen waren diese geheimnisvollen Zusammenhänge sicher nicht bewußt. Dennoch erkannte er, daß die Farbe Grün in engem Zusammenhang mit dem frischen Wachstum der Vegetation und der damit verbundenen Erwartung auf kommenden Erntesegen stand. Viele Riten und kultische Symbole spiegeln dieses Verständnis wieder:

In Alt-Palästina (Jerusalem) trugen die Bräute ein grünes Hochzeitskleid, um mit der Farbe die Hoffnung auf ein glückliches Leben und Fruchtbarkeit (»guter Hoffnung sein«) anzuzeigen. Nicht nur das – die Farbe des Kleides selbst wirkte, dem Volksglauben zufolge, direkt auf die Empfänglichkeit ein.

Überhaupt spielte zur Zeit des Matriarchats Grün – neben der anderen weiblichen Farbe Blau – eine wichtige Rolle. Im Orient, der durch und durch mondorientiert war (noch heute wird der islamische Kalender nach Monden anstelle von Sonnenjahren eingeteilt), galt Grün als die Farbe des Mondes. Ihm wurde ein entscheidender Einfluß auf das Wasser (Ebbe und Flut) und das Pflan-

zenwachstum zugeschrieben. Die weibliche Periode war mit seinem Zyklus identisch. Mond, Wasser und Wachstum standen in engster Verbindung und verkörperten durch die Farbe Grün das lebensliebende (biophile) Prinzip.
In der Astrologie wird Grün den Meerjungfrauen und Wassermännern zugeordnet, ebenso dem Liebesplaneten Venus und dem Meeresgott Neptun.
In Griechenland wurden diese beiden Kräfte durch die schaumgeborene Aphrodite und Poseidon verkörpert. Venus, als weibliches Prinzip, galt als Sinnbild für Schönheit und Harmonie, für Liebe und Beziehungsfähigkeit.
Im Islam personifizierte der Prophet Mohammed das »Prinzip Hoffnung« durch sein grünes Gewand und führte unter dem grünen Banner die Gläubigen zum heiligen Krieg. Noch heute ist Grün im Islam eine heilige Farbe, die gern zum Ausschmücken von Innenräumen verwendet wird. Jüngste Ausprägung dieser Symbolik stellt das »grüne Buch« des libyschen Revolutionsführers Mohammed Ghaddafi dar.
Im Christentum galt Grün als Farbe des Frühlings, der Hoffnung auf Auferstehen und Unsterblichkeit. Es war ebenso die Farbe des Paradieses wie Gottes Barmherzigkeit auf Erden, die die Hoffnung auf Wiedergeburt beinhaltet. Bereits im Alten Testament wird Grün den Gerechten und Auserwählten zugeordnet, die die junge Saat des neuen Glaubens und damit eines neuen,

vom heiligen Geist Gottes erfüllten Lebens verkörperten.
Die Verwendung grüner Farbe in der christlichen Malerei steht immer unter diesem Aspekt, sei es beim Gewand des Evangelisten Johannes, der heiligen Barbara (manchmal auch Maria) und beim heiligen Abendmahl.
Besonders stark wurde der Mai (besonders der 1. Mai) von der Farbe Grün symbolisch besetzt. Die Sitte der Maifeiern stammt wahrscheinlich aus dem keltischen Kulturkreis. Im Glauben der Kelten landeten am 1. Mai die heilsbringenden Götter an der Küste Irlands (der »grünen Insel«, gemeint ist die Küste von Mayo), um den Menschen Erkenntnis und Kultur zu bringen. Aus rätselhaften Gründen hat sich gerade der 1. Mai als international anerkannter Feiertag in weiten Teilen der Erde durchgesetzt. Die Sinngebung ›1. Mai, Tag der Arbeit‹ stammt allerdings erst aus der jüngeren Neuzeit.

Wie kein anderer Monat ist der Mai ein »grüner Monat«, der das Erwachen des Frühlings und die Vorfreude auf den Sommer anzeigt. Im »Wonnemonat« Mai sprießen oft auch die ersten zarten Knospen der Liebe, wie bereits dieses »grüne« Minnelied aus dem Mittelalter erkennen läßt:

»Grün ist allem meinen Sinn
Ist der lieb ein anefing.
Grün soltn allezeit haben wert,
ob dein Herz dir lieb begert.

Grün ist gar ein fröhlich klait,
Wer es nach seinen wirden trait.
Grün soll niemant tragen,
der in lieb will verzagen.«

Gleiches symbolisiert auch der Myrtenkranz, nämlich ewig junge und umfassende Liebe. Als »grüne Seite« wurde im späten Mittelalter die linke, die Herzseite bezeichnet. Ein bekanntes Lied spricht immer noch davon, obgleich wir seinen Inhalt heute mehr ahnen als logisch verstehen: »Mädel ruck, ruck, ruck an meine grüne Seite.« Von einem Menschen, der uns nicht mag, sagen wir dagegen: Er ist mir nicht grün.
Weiter verwendet der Volksmund den Ausdruck »jemand über den grünen Klee loben«, und kennt als Symbol das vierblättrige Kleeblatt. Beides zeigt Außergewöhnliches an. Klee als Futterpflanze ist bei uns noch nicht alt, es gab Zeiten, da er als selten und kostbar galt. Auch der staunende Ausruf »Ach du grüne Neune« soll von daher stammen. Das vierblättrige Kleeblatt kommt in der Natur so selten vor, daß es als ausgesprochener Glücksfall gilt, ein solches zu finden. Übrigens soll schon Eva, einer Legende zufolge, ein vierblättriges Kleeblatt gepflückt und als Erinnerung an glückliche Zeiten bei der Vertreibung aus dem Paradies mitgenommen haben. Andere, eher abfällig gemeinte Ausdrücke wie »Greenhorn«, »Grünschnabel«, »grüner Junge« und »noch grün hinter den Ohren«, visualisieren den

natürlichen Reifeprozeß vieler Pflanzen, die sich meist vom hellen Grün oder Gelb, Orange, Rot bis zum Braun oder Schwarz hin entwickeln. Die Ausdrücke meinen also eine gewisse Unreife der betreffenden Personen.

Die wohl am weitesten auf der Erde verbreitete Symbolgestalt für Grün finden wir im Baum. Unzählige Sagen, Märchen und Mythen der Völker beschäftigen sich mit dem Baum, haben sein alljährliches Sterben (das Welken, Braunwerden und Abwerfen der Blätter) und sein Wiederauferstehen (Knospen, frisches Blattgrün) zum Inhalt. Ein immer grüner Baum gilt als Sinnbild ewiger, unzerstörbarer Lebenskraft; ein dürrer Baum als Tod und Verdammnis.
Die Baumgestalt eignet sich hervorragend, eine Verbindung zwischen Unterwelt (Wurzeln), der menschlichen Seinsebene (Stamm), Hoffnung (dem Licht entgegenstrebende Äste) und Himmel (Krone) herzustellen. Was in der germanischen Mythologie die Weltenesche und die heiligen Eichen Donars, des Donnergottes, bedeuten, haben im Christentum zwei andere Bäume übernommen. In der Bibel ist von zwei Bäumen des Paradieses die Rede, dem »Baum des Lebens« und dem »Baum der Erkenntnis von Gut und Böse«. Leider wurden Adam und Eva bereits nach der ersten Kostprobe aus dem Paradies vertrieben. Sie hatten vom Baum der Erkenntnis gegessen, schämten sich, daß sie nackt waren (?) und

kamen nicht mehr dazu, auch noch vom Baum des ewigen Lebens zu naschen. Folge: sie blieben sterblich und unterlagen hinfort in alle Ewigkeit dem Zyklus von Leben – Tod und Wiedergeburt.
In frühchristlichen Paradiesvorstellungen zeigt sich der Lebensbaum noch (dem Umfeld der Entstehungsgeschichte entsprechend) als Feigenbaum. Später wurde er zum Apfelbaum europäisiert und steht nun auch symbolisch für Fruchtbarkeit.
Eine ähnliche Bedeutung in der Kunst erlangte auch die Pinie und der abendländische Lebensbaum (Thuja occidentalis), der heute noch als »Friedhofsbaum« gilt und häufig auf die Gräber der Toten gepflanzt wird. Im Mittelmeerraum übernimmt diese Funktion die Zypresse.
Auch das Kreuz Christi wurde mit dem Lebensbaum assoziiert. Einige Darstellungen aus dem Mittelalter zeigen das Kreuz beispielsweise nicht aus glattem Holz, sondern in der Astform eines lebendigen Stammes.
Der Weihnachtsbaum wurde bereits erwähnt. Ähnliche, vielleicht noch deutlichere Wirkung erzielte auch der Maibaum. In heidnischer Zeit fanden unter ihm Opferzeremonien statt, die böse Einflüsse fernhalten und die Fruchtbarkeit von Äckern, Vieh und Menschen sichern sollten. Manche halten den hochaufgerichteten und mit bunten Bändern geschmückten Maibaum auch für ein Phallus-Symbol und den ausgelassenen Tanz um ihn herum für die Relikte heidnischer

Fruchtbarkeitsriten. In einigen Teilen Deutschlands ist es übrigens auch heute noch üblich, dem Symbolcharakter des Maibaums entsprechend, diesen mit Kinderwagen, Windeln und Babyspielzeug zu schmücken. Gleichfalls von der Symbolik Aufstieg, Sieg, Wiedergeburt und Unsterblichkeit umgeben, genoß die Palme in der Antike Ansehen. In Babylon galt sie als Gottesbaum. In Griechenland stand sie in Verbindung zum sagenumwobenen ägyptischen Lichtvogel Phönix, der sich selbst verbrennt und neugeboren aus der Asche steigt, und war damit der »Baum des Lichts«. Bei den olympischen Spielen wurde den Siegern ein Palmzweig überreicht, bevor sie Lorbeerkränze erhielten.
Auch diese immergrüne Pflanze galt als Sinnbild des ewigen Lebens. Man hat später, besonders im römischen Reich, diese Kränze aus Gold gefertigt und damit möglicherweise eine Vorform der späteren Kronen geschaffen.
Christus hingegen wurde als Zeichen des Todes bewußt eine vertrocknete Dornenkrone aufgesetzt. Die Bekränzung von Toten reicht bis ins frühe Ägypten zurück und war bei Griechen und Römern üblich. Auch wir legen ja heute noch Kränze auf die Gräber, um die Verstorbenen zu ehren. Was dahintersteckt, ist aber vor allem die tiefe Symbolik, die mit dem pflanzlichen Opfer, den immergrünen Nadeln und der Form des geschlossenen Kreises den unzerstörbaren Kreislauf allen Lebens verspricht.

Vor dem Hintergrund dieser menschheitsgeschichtlichen Bedeutung ist der Schock zu verstehen, den die Nachricht vom Waldsterben durch sauren Regen bei den Menschen verursacht – sind doch insbesondere gerade jene Bäume davon betroffen, die von jeher als ewig grün und unsterblich galten, nämlich Nadelbäume wie Fichte, Tanne und Kiefer.

»Erst stirbt der Wald, dann stirbt der Mensch ...« lautet eine Parole, die deshalb so erschreckend klingt, weil jeder tief in sich fühlt, daß sie wahr ist.

Grün steht insgesamt für das biophile Prinzip, das Leben bejaht, Wachstum und Entfaltung fördert, ganz gleich ob es sich dabei um einen Menschen, ein Tier, eine Pflanze oder eine Idee handelt. Den Gegensatz dazu stellt die Nekrophilie, die Hinwendung zum Toten, die Verachtung und Verdrängung alles Lebendigen dar.

Für Erich Fromm, den Schöpfer dieser inzwischen weit verbreiteten Begriffe, ist der Wunsch nach Wachstum und Entfaltung die elementarste Form der biophilen Orientierung, welche jeglicher Substanz eigen ist, nämlich zu leben und sich am Leben zu erhalten.

»Die lebende Substanz hat die Tendenz zur Integration und Vereinigung. Sie tendiert dazu, sich mit andersartigen und gegensätzlichen Wesenheiten zu vereinigen und einer Struktur gemäß zu wachsen.« (Fromm)

Damit kommen wir zu einem wesentlichen Punkt unserer Betrachtung der Farbe Grün.
Für den Farbtheoretiker ist Grün lediglich die Mischung der pigmentären Primärfarben Blau und Gelb. Für den Psychologen indes stellt Grün eine entscheidende Grundfarbe dar. Was heißt *eine* – es ist *die Grundfarbe überhaupt,* nämlich die Farbe des Ichs. Genauer: die Farbe des Überlebenstriebes, der sich behaupten will und danach strebt, sich durchzusetzen.
Doch scheint Grün nicht für jeden das gleiche Gün zu sein. Gehen wir schrittweise und behutsam vor.
Sicherlich wirkt Grün auf den Menschen positiv im Sinne von Beruhigung und Erholung. Das in sich ruhende Grün schafft den notwendigen Ausgleich zu unserem unruhigen Leben, es lädt zur Rast ein, verhilft unserer aus dem Gleichgewicht geratenen Seele zur ersehnten Harmonie. Darum wird Grün – die Farbe der Mitte – gern ergänzend zu jeglicher Therapie eingesetzt. Waldspaziergänge, der Anblick von Parks und sanften, grünen Auen, helfen mit, die zum Genesungsprozeß notwendige innere Ausgeglichenheit wieder zu gewinnen. Bei allen psychosomatischen Krankheiten (und die meisten Krankheiten sind psychosomatisch) übt der Anblick von Grün einen heilsamen Einfluß auf das psychische Geschehen und damit indirekt auch auf das körperliche Geschehen beim Patienten aus.
Goethe schreibt in seiner Farbenlehre:

»Wenn man Gelb und Blau, welche wir als die ersten und einfachsten Farben ansehen, gleich bei ihrem ersten Erscheinen, auf der ersten Stufe ihrer Wirkung zusammenbringt, so entsteht diejenige Farbe, welche wir Grün nennen. Unser Auge findet in derselben eine reale Befriedigung. Wenn beide Mutterfarben sich in der Mischung genau das Gleichgewicht halten, dergestalt, daß keine vor der anderen bemerklich ist, so ruht das Auge und das Gemüt auf diesem Gemischten wie auf einem Einfachen. Man will nicht weiter, und man kann nicht weiter.«
Ähnlich äußert sich Kandinsky: »Absolutes Grün ist die reinste Farbe, die es gibt: sie bewegt sich nirgend hin und hat keinen Beiklang der Freude, Trauer, Leidenschaft, sie verlangt nichts, ruft nirgend hin. Es ist ein unbewegliches, mit sich zufriedenes, nach allen Richtungen beschränktes Element . . . Ständige Abwesenheit von Bewegung ist eine Eigenschaft, die auf ermüdete Menschen und Seelen wohltuend wirkt, aber nach einiger Zeit des Ausruhens leicht langweilig werden kann . . . Passivität ist die charaktervollste Eigenschaft des absoluten Grüns . . .«
Kandinsky scheint hier etwas zu verwechseln. Passivität? Hier ist doch wohl eher Statik gemeint! Gut, Grün besitzt keine nach außen gerichtete Energie, ist nicht »außenaktiv«, es strahlt weder ab, noch drängt es sich auf. Es ist einfach da. Aber wie es da ist: Scheinbar passiv, birgt es doch in sich den gesammelten Willen

zum Wachstum, scheinbar ruhig und langweilig, vereinigt es in sich alle Kräfte, die das Leben ausmachen – den Wunsch sich zu verwirklichen, die Hoffnung, dies ungehindert tun zu können und die Gewißheit, das Leben selbst in seiner Unbesiegbarkeit zu verkörpern. Nein, dieses Grün ist eher konzentrierte, gesammelte, potentielle Spannung, so wie sich ein Tiger scheinbar passiv und reglos verhält, bevor er zum Sprung ansetzt, oder feste Körper nach außen hin statisch verharren, während sie im Inneren hochkonzentriertes molekulares Spannungsgefüge sind.
Ich glaube, besser kann man das Ich nicht umschreiben: Ein relativ stabiles Etwas, das gesicherte Zustände und wenig Veränderung liebt (also zutiefst konservativ, bewahrend ist), das fernab von den flüchtigen Oberflächenreizen der Außenwelt ruhig zu schlummern scheint (und nur wach wird, wenn es wirklich an die Substanz geht), kurzum ein kaum faßbares Etwas, kolossal langsam und träge und doch zugleich so voll mächtiger Spannung aufgeladen, daß es sich im Notfall mit Urgewalt seinen Weg bahnen wird.

»Wenn ich von Grün als Symbolfarbe spreche, meine ich ausdrücklich und ausschließlich Tannengrün, das eher dunkel und etwas bläulich erscheint. Die hervortretende, reizstarke Bewegung des Gelbs und die entgegengesetzte, beruhigende, zurücktretende Bewegung des Blaus wer-

den im Grün aufgehoben und sind in ihm konserviert. Deshalb ist Grün statisch.« (Lüscher)
Nach Lüscher sind die Anmutungsqualitäten von Tannengrün hart, fest und beharrlich und entsprechen dem Gefühl der inneren Stabilität, der Beharrung, der Konsequenz, der Selbstbehauptung und Selbstsicherheit.
Wir merken beim Anmischen von Grün in Richtung Blau, daß es kälter, fester und widerstandsfähiger erscheint. Dieser Farbton entspricht (nach Lüscher) dem Menschen, der den inneren und äußeren Anfechtungen trotzt, der zu seiner Überzeugung steht und eine stabile Selbstachtung besitzt, nach dem Motto »Tue recht und scheue niemand«. »Stabilität der Überzeugung und ethische Integrität sind die echten Gründe der Selbstachtung und einer echten Anerkennung und moralischer Geltung. Geltung, als Ansehen und Würde, als passive Seite der Macht, als Eigentum und als dominiertes Revier, ist die psychologische Bedeutung von Grün.
Wo die innere Stabilität des Grün und damit die Integrität, Würde und Geltung fehlen, werden sie mit dem äußeren Schein, mit dem Gehabe der Würde, mit materieller oder geistiger Protzerei vorgespielt. Prestige wird zur Pose. Der Geltungsbedürftige bedient sich der Statussymbole, um den Anschein von Geltung vorzutäuschen. Er setzt sich ins Rampenlicht, er richtet die Scheinwerfer auf sich; er mimt Stabilität, Größe, Würde und Prestige. Wem die echte Selbstach-

tung, die innere Stabilität des Grün abgeht, opfert einen Großteil seines Lebens seinem Geltungsbedürfnis, seinem Drang nach Bestätigung und Prestige.« (Lüscher)
Untersuchungen haben ergeben, daß Jugendliche in der Pubertät eine starke Vorliebe für reines Grün haben, pastellfarbenes Grün dagegen ablehnen. Die Erklärung liegt (nach Frieling) in der Beziehung der eigenen Identität zur Umwelt, der Jugendliche entwickelt sich zur eigenständigen Persönlichkeit.
Im Kapitel Rot wurde bereits die Untersuchung über europäische Vietnam-Rückwanderer (H. Klar) erwähnt, die auffallend Rot verdrängten. Die Farbe, die sie im Farbtest an erster Stelle nannten, war Grün. Im Vordergrund ihrer Äußerungen stand also die Zurückdrängung aller Gefühle, vor allem sexual- und körperbezogene, wie es angesichts einer ungewissen Zukunft durchaus angemessen erscheint. Die ich-bezogenen Tendenzen von Geltungsanspruch und Behauptungswille überwogen deutlich bei ihnen.

Zusammengefaßt ließe sich sagen: Die psychologische Wirkung von Grün ist Beharrung, Willenskraft und schlummernde Macht, aber auch Ruhe und Harmonie.
Die Unterschiede in der Einschätzung von Grün zwischen Goethe, Kandinsky auf der einen Seite und Lüscher, Frieling, u. a. auf der anderen, beru-

hen darauf, daß sie verschiedenartige Grüntöne zur Grundlage haben – im ersten Fall nämlich ein sattes, warmes Grün, im zweiten eher ein kühles, blaustichiges.

Hier die Anmutungen der einzelnen Grüntöne:

Gelbgrün besitzt viel von der Aktivität des Gelbs und wirkt daher anregend, heiter, fast aufdringlich, warm, natürlich, hell, unbeschwert und harmlos. Es ist die typische Farbe des zaghaften Anfangs, des Wachsens, der Unreife, die Farbe der ersten Blätter im Frühling bis hin zum unverkennbar knalligen Maigrün.
Je mehr Gelbanteile es besitzt, desto sonniger und wärmer wirkt dieses Grün. Es kann allerdings sehr schnell ins Gegenteil umkippen, dann nämlich, wenn es einen kalten, zitronensauren Ausdruck bekommt. Dann wirkt es eher giftig, gefährlich, ja krank. Ein fahles Giftgrün galt früher (im Mittelalter) als Farbe von Krankheit, Aussatz, Verwesung, Tod und Verrat.
Die Übergänge von der einen zur anderen Ausprägung sind hier sehr fließend, es kommt auf feinste Nuancen an. Und was für den einen noch angenehm »maifarben« ist, wirkt auf den nächsten schon fast wie ein bedrohlicher Schock.

Neutrales Grün, vorausgesetzt es liegt tatsächlich ausgewogen zwischen den Polen Blau und Gelb, ist eine in sich ruhende und beruhigend wirkende Farbe. Sie ist die Farbe der schlummernden Möglichkeiten – nämlich ebenso passiv wie Blau zu sein oder ebenso aktiv wie Gelb, und da sie sich nicht entscheiden kann, bleibt sie statisch und ohne Dynamik. Mit genau diesem Farbton setzen wir assoziativ Urlaub, Wald, Wiese, satter Rasen und Ausruhen gleich, etwas, das man insgesamt mit »am Busen von Mutter Natur« bezeichnen könnte.

Blaugrün dagegen hat eine kühle, fast unnahbare Wirkung, ist zurückhaltend, reserviert und eigensinnig. Ein helles Blaugrün nennen wir Türkis. Es besitzt im gesamten Farbspektrum die größte Kälte und gilt als distanziert, steril (die typische Krankenhausfarbe im Operationssaal), im übertragenen Sinne auch emotionslos und gefühlskalt.
Es kommt allerdings immer darauf an, wo Türkis eingesetzt wird. In stickigen, schwülen Fabrikationsräumen vermittelt ein Türkisanstrich angenehme Erfrischung. Ebenso finden wir im heißen, sonnigen Süden häufig Türen und Fensterläden, wenn nicht ganze Häuser, solchermaßen gestrichen. Dieses Türkis wird oft für Erfrischungsgetränke, Zahnpasta und Mentholzigaretten verwendet.
Ein dunkles Blaugrün wirkt widerstandsfähiger, kräftiger und gespannter. Die Farbe wird dann häufig mit Eigensinn, Dickköpfigkeit, Stolz und Starrsinn assoziiert.

Tannengrün, eine sehr häufige und bekannte Farbe, in deren Mischung außer Blau und Gelb noch etwas Schwarz hinzukommt, ist eine ernste, selbstbewußte Farbe (die Farbe, die Lüscher im Farbtest als typisches Grün benutzt). Sie vermittelt den Eindruck von Festigkeit und bewußtem Handeln. Tannenwald wird mit ihr assoziiert, Wald überhaupt, auch der dunkle, etwas unheimliche und beinahe lauernd ruhige. All dies steckt in der konzentrischen Kraft des Tannengrüns, das das Ich und seinen Selbstverwirklichungsanspruch verkörpert.

Olivgrün besitzt, wie der Name schon sagt, die Farbe der Oliven, hat also außer dem reinen Grün starke Anteile von Gelb und Schwarz, hingegen keine weitere Beimischung von Blau. Dadurch erhält es einen beinahe braunen Charakter und hat in der Tat viele Eigenschaften davon (siehe Kapitel Braun). Da die Farbe in der Natur gut mit der Umgebung verschmilzt, wird sie auch gern als ausgesprochene Tarnung eingesetzt, die in der Soldatensprache unter der Bezeichnung »Nato-Oliv« firmiert.

In der semantischen (bedeutungsbezogenen) Anwendung der Farbe im gesellschaftlichen Bereich, bei der es auf schnelle, eindeutige Signale und Hinweise ankommt, die sofort verstanden werden, kennen wir Grün als Synonym für *Si-*

cherheit. Grün gekennzeichnete Sektoren sind gefahrlos, grüne Knöpfe zeigen an, daß alles in Ordnung ist, und die grüne Ampel gibt uns die Botschaft, daß wir sorglos und ohne Bedenken weiterfahren können.

Grüne Piktogramme geben sich als hilfreiche Signale zu erkennen, denen wir angstfrei folgen können (Fluchtweg), grüne Türen (z.B. Notausgänge) geben ungefährdet den Weg frei. Auch der Bereich »Erste Hilfe« ist durch die Farbe Grün gekennzeichnet.

Ebenso läßt sich Grün, von dem bereits Goethe sagte, es habe eine angenehme Wirkung und sei darob besonders für die Tapeten des Zimmers geeignet, in dem man sich immer befindet, gut zur Innenraumgestaltung einsetzen. Grün gestrichene Räume eignen sich gut für Wohn- und Arbeitsbereiche, die Ruhe ausstrahlen und zu geistiger Tätigkeit anregen sollen.

Grüne Teppiche in sehr großen Räumen, Großraumbüros etc. vermitteln eine angenehme Atmosphäre. Hellgrüne, grasgrüne und lindgrüne Töne in Speisezimmern und Gaststätten wirken (wie entsprechende Untersuchungen ergaben) appetitanregend.

Jegliche Blauanteile im Grün, besonders Türkis, lassen Innenräume dagegen als zu kühl, unpersönlich und oft sogar als unwirtlich abstoßend erscheinen.

Grünes Licht gibt der Haut einen kranken, fahlen und gespenstischen Eindruck.

Grün läßt sich mit vielen Farben gut kombinieren. Nahezu in jeder Wohnung befindet sich ja Grün in Form von Zimmerpflanzen. Der Mensch unserer Breiten, besonders in dichten Ballungsgebieten, hat einen verstärkten Bedarf an Grün. Weil es in den zubetonierten Städten meist mangelt, holt er es sich zumindest in kleinen Portionen zurück in die Wohnung.
Die Ausgaben der Bundesdeutschen für Garten- und Rasenpflege klettern Jahr für Jahr in neue Rekordhöhen und dokumentieren damit eindrucksvoll, daß der Umgang mit natürlichem Grün neben dem Wert als Freizeitbeschäftigung auch einen der höchsten ästhetischen Reize darstellt. Dennoch erscheint mir das alles noch zu egoistisch und halbherzig getan zu werden, angesichts der fortschreitenden Vernichtung unserer natürlichen Umwelt. Eine heile Umwelt allein stellt die Garantie für den Fortbestand des Lebens und unserer Zukunft dar.
Hoffentlich wird das dem Menschen bewußt, bevor es zu spät zur Umkehr ist, und sich der alte Indianerspruch bewahrheitet, der da lautet:

»Erst wenn der letzte Baum gerodet,
der letzte Fluß vergiftet,
der letzte Fisch gefangen,
werdet ihr feststellen,
daß man Geld nicht essen kann.«

(Weissagung der Cree)

Die Farbe Orange

Mischt man Gelb mit Rot, so merkt man schon auf der Palette, daß etwas aufregend, ja aufreizend Neues entsteht. Etwas, das leuchtet wie Gelb und aggressiv ins Auge springt wie Rot.
Genauso läßt sich auch die psychologische Wirkung von Orange beschreiben. Die Erregung ist nicht mehr so eindeutig zielgerichtet wie bei Rot, sondern scheint nach allen Seiten zugleich hin zu wirken: aufgeregt, mitteilsam und berstend voll Aktivität. Wer es vertragen kann, findet in Orange einen Charakter, der offen und größzügig, intim, direkt, vereinnahmend und überschwänglich ist. Hier wird die Tat mit dem Herzen gemacht und ohne Hemmungen darüber gesprochen. Deshalb steht Orange im verstärkten Maße für Kommunikation, Wärme und herzliche Sinnlichkeit.
Orange ist die durch und durch körperbezogene Farbe der Karibik, des Samba, der fröhlichen, offenen Begegnung. Orange ist nicht so heiß wie Rot, es erinnert eher an die gemütliche Farbe des

Kaminfeuers. Aber es ist wärmer, sonnengereifter, satter, vollkommener als Gelb und assoziiert deshalb mit Erntedank.
Weitere spontane Assoziationen zu Orange sind: leuchtend, herzhaft, reif, satt, lebendig, prall, freudig, warm, nah, trocken, mürbe, röstig, gemütlich, herbstlich, gesellig, jugendlich, eitel. Viele dieser Assoziationen finden wir in der Kleidung der Bhagwan-Jünger wieder, die allerdings mehr ein rötliches Orange bevorzugen. Dem Charakter der Farbe gemäß stößt solch auffällige Bekleidung beim Betrachter sofort auf Resonanz – entweder spontan zustimmend (Wärme, Gemütswärme, Ja-Sager, Erleuchtung) oder ablehnend (aggressive Uniform, aufdringlich, affektiert).
In der Anzeigenwerbung wird die Bestimmung eindeutiger eingesetzt. Sie steht fast ausschließlich für Wärme und Reife.

Die Farbe Violett

Erinnern wir uns noch einmal der charakteristischen Eigenschaften von Rot: Diese aktive, sich aufdrängende, laute, männliche Farbe verkörpert den Weg, auf direkte Weise das erwünschte Ziel zu erreichen. Stürmisch und leidenschaftlich, ohne die Umwege der Raffinesse, eher aggressiv verlangend und wenn nötig, mit Gewalt. In der Wahl der Mittel ist Rot wahrlich nicht zimperlich; mehr ungeduldig als weise, mehr derb als sensibel, bricht es seinen Wünschen, seiner Begierde Bahn und gibt erst Ruhe, wenn es erobert hat, was es erreichen will. Aber was ist eigentlich das Ziel all dieser explodierenden Leidenschaft? Vorausgesetzt, sie existiert nicht aus Selbstzweck allein (manche Leute sind ja regelrecht süchtig auf Dauerstreß) – doch wohl Befriedigung und Ruhe, der glückliche Augenblick des Sieges, das Erreichen der Harmonie.

Blau nun, die uralte Farbe des Matriarchats, will das gleiche Ziel auf anderem Wege erreichen:

durch kluge Anpassung und Einfühlungsvermögen, durch gewaltlosen Widerstand nach dem Motto »das weiche Wasser bricht den Stein«, durch geduldige Hinwendung und Kompromißbereitschaft, die einen langen Atem kennt.
Der Zustand, an dem sich die beiden konträren Wege im erreichten Ergebnis treffen, nennen wir Transzendenz, die Grenzüberschreitung und Durchdringung zweier polarer Kräfte. Oder wie die Mystiker es ausdrücken: die »unio mystica«, die Durchdringung, Verschmelzung und Aufhebung der Widersprüche und Gegensätze. Der Philosoph und Theologe, Kardinal Nikolaus Cusanus, bezeichnete es so: »Coincidenta oppositorum«, die »Harmonie der Gegensätze«.

Violett, in der sich die extremen Spannungen der Grundfarben Rot und Blau, die Hitze des Feuers und die Kälte eisigen Wassers, dermaßen mischen, daß beide Gegensätze in ihrer potentiellen Wirkung abwartend verharren, ist mit Recht die eigenartigste, faszinierendste und geheimnisvollste Farbe, die wir kennen.
Es ist die Farbe der Magie, der Zauberei und Mystik. Auch dabei werden ja Grenzen überschritten, nämlich die der materiellen zur spirituellen Welt. Der Zauberer, der Schamane, die Hexe, sind Grenzgänger zwischen Wildnis und Zivilisation, zwischen dem unbekannten, unheimlichen Reich der Geister, Gespenster und Dämonen und dem bekannten und vertrauten Alltag.

»Nagual« und »Tonal« nennt es der Yaqui-Indianer Don Juan in Carlos Castanedas bekannten Büchern und beschreibt sehr plastisch, welche Schwierigkeiten der heutige, einseitig rational orientierte Mensch damit hat, beide Möglichkeiten als Realität zu erfassen und zu akzeptieren.
Im Grunde sind Nagual und Tonal nichts anderes als rechte und linke Gehirnhälfte in einer größeren Dimension, nämlich auf die ganze Welt übertragen, diese teilend und polar zueinander stehend.
Don Juan aber sitzt wie die Hexen des Mittelalters (die »Hagezussas«, Wortbedeutung: die auf dem Hag, der Grenze sitzen) auf dem Zaun zwischen Wildnis und Zivilisation und kann in beide Richtungen schauen. (Vergleiche hierzu die ausgezeichnete Untersuchung von H. P. Duerr, Traumzeit – über die Grenzen zwischen Wildnis und Zivilisation.)
Sein Zustand und der aller Zauberer, Magier, Medizinmänner und -frauen ist violett, d.h. grenzüberschreitend, magisch verwandelt, von der mystischen Einheit der Gegensätze durchdrungen.
Lévy-Bruhl, der primitive Stammesreligionen erforschte, spricht von einer magischen Identifikation zwischen Mensch und Totemtier, einer Bewußtseinsebene, in der menschlicher Verstand und tierischer Instinkt auf geheimnisvolle Weise miteinander verknüpft sind.
Bei vielen, von der kulturellen Zivilisation rela-

tiv unbeeinflußten Menschen der Erde (südamerikanischer Urwald, Zentralafrika, Innerasien) sind solche Zustände noch bekannt. Hier erfreut sich die Farbe Violett bezeichnenderweise außerordentlicher Beliebtheit. Bei den mittelalterlichen Mystikern des Abendlandes, aber auch in vielen anderen Kulturkreisen, verbindet sich die Welt des Körpers (Rot) mit der Welt des Geistes und Himmels (Blau) zum faszinierenden Mysterium (Violett), in dem völlig andere als die bekannten Gesetze gelten.

Violett wurde sehr früh zur Bedeutungsfarbe im christlichen Glauben, die als Farbe der Kleidung symbolisiert, daß ihr Träger (z.B. Kardinäle) Mittlerfunktion zwischen Diesseits und Jenseits ausüben. Ähnlich verhält es sich im Buddhismus, wo es neben der gelben auch die violette Gewandung gibt.
Bei mittelalterlichen Kirchenglasfenstern finden wir die Farbe Violett, wie in der Liturgie, wo sie für Demut, Buße und bescheidene Gesinnung steht und beim violetten Amethyst, dem Kardinalsring.
Gottfried Haupt nennt Violett das »verdeckte Geheimnis«.
Auch das Geschlechtliche von Rot (männlich) und Blau (weiblich) wird im Violett aufgehoben. Der kirchliche Würdenträger deutet mit Violett an, daß er jenseits der »normalen« Geschlechtlichkeit steht. Frauen wählen, ganz unabhängig

von ihrer sonstigen Lieblingsfarbe, während der Schwangerschaft häufig Violett. Damit ist Violett psychologisch gesehen kein statischer, sondern ein vorübergehender Zustand.
Gleiches läßt sich bei der Farbwahl von Kindern feststellen. Vor der Pubertät steht Violett hoch im Kurs, jedenfalls so lange, bis die geschlechtsrollenspezifische Zuneigung zu Rot oder Blau einsetzt. Untersuchungen bei debilen Kindern haben gezeigt, daß die Sympathie für Violett hier noch wesentlich höher ist (ca. 85 %). Diese Kinder wählen (nach H. Klar) Violett als Ausdruck ihrer gesteigerten Faszinationsbereitschaft und Verführbarkeit, sowie ihrer Sehnsucht nach magisch-erotischer Identifikation. Zusammen mit Rot (starke Erregbarkeit) wird deutlich, daß alles was mit Sexualität zusammenhängt, einen ungeheurem Reiz auf debile Kinder ausübt. Sie wollen jede Erregung erleben, sich selbst, auch bei Verzicht auf Gemütsbeziehungen, befriedigen (tatsächlich ist exzessive Onanie bei debilen Kindern signifikant häufiger anzutreffen als bei normalen).

Allgemein und weltweit ist festzustellen, daß Violett in naturnahen Kulturen und dort besonders bei der einfachen Bevölkerung recht angesehen ist, während die Zuneigung nachläßt, je höher zivilisiert und kompliziert die Kulturen und je höher intellektueller Anspruch und Einkommen sind.

In den hochtechnologisierten Ländern Europas und den USA, und dort auffallend bei den Intellektuellen, stößt Violett weitgehend auf Ablehnung. Es scheint so, als wollten die Menschen hier bewußt ihre Gefühle rationalisieren und keine störenden Grenzüberschreitungen in unbekannte Bereiche des Seins mehr zulassen.
Nur die »Grenzgänger« außerhalb des genormten Rollenverhaltens wählen bewußt Violett, wie zum Beispiel Homosexuelle (die sich in Frankreich selbst »les violets« nennen) und Transvestiten. Was im Nazi-Deutschland mit einem »rosa Winkel« verächtlich gebrandmarkt wurde, nennt sich heute »lila Lüste« und ähnlich, wobei die Farben Lila und Violett selbstbewußt als Erkennungszeichen eingesetzt werden.
Um hier zwischendurch einen weit verbreiteten Irrtum auszuräumen: Violett und Lila sind tatsächlich zwei Begriffe für eine Farbe. Mit Violett wird allgemein die exakte Mischung zwischen Blau und Rot angesehen, wobei der Farbton eher ins Dunkle tendiert. Ein helles Violett heißt Lila oder Fliederblau (der Name stammt vom arabischen Wort »lila« für Flieder).
Den größten Boom aber verursachte die Frauenbewegung, die Violett (lila Latzhose) zu regelrechter Modefarbe werden ließ. Auch sie überschreitet ja Grenzen, wagt sich in Neuland vor, in dem sie die gewohnten Rollenklischees durchbricht und hinter sich läßt.
Vor noch nicht allzu langer Zeit sagte man an-

züglich »der letzte Versuch«, wenn eine reifere Dame an der Grenze zu den Wechseljahren ein lila Tüchlein trug und damit andeutete, daß sie noch nicht zum »alten Eisen« gehörte. Im Gegenteil: die Farbe signalisierte unterschwellig, aber deutlich, daß ein erotisches Interesse vorlag. Vielleicht waren auch die zehntausende lila Halstücher ein »letzter Versuch«, mit dem der christlich orientierte Teil der Friedensbewegung die »Umkehr zum Leben« erreichen wollte.

Wie auch immer, am Beispiel von Violett wird deutlich, wie Geschichte und Mode in Wellen verlaufen. Nach einer Phase des Wiederaufbaus und Wirtschaftswachstums in der Bundesrepublik mit der ihr eigenen Überbetonung der materiellen Seite, fordert die »andere«, die emotionale, sinnliche Seite endlich wieder ihr Recht. Und Violett, die Farbe des Übergangs, verkörpert vorzüglich die Geisteshaltung, die hinter diesem Wertwandel steht: Sensibilität.
»Wer Violett ablehnt, befürchtet durch die sensible, erotische Hingabe seine Unabhängigkeit aufzugeben und sein empfindliches, egozentrisches Ich preiszugeben. Diese Menschen wollen ihre sensiblen Gefühle rational kontrollieren und kritisch entscheiden, ob bei einer erotischen Identifikation und einem persönlichen Engagement die Aufrichtigkeit und Vertrauenswürdigkeit gewährleistet ist und sich das Risiko lohnt. In unserer Kultur hat Violett, die sensible Identi-

fikation, wenig Platz. Anstelle der gefühlvollen Gemeinschaft treten der Prestigeanspruch und der Überlegenheitswunsch, in all den Formen des Snobismus und des Rivalisierens. Anstelle der begeisterten Hingabe tritt das Prinzip der Zweckmäßigkeit und der Sicherheit. Anstelle des ästhetischen Empfindens imitiert man oft nur den modischen Geschmack.« (Lüscher)
Gerade diese Alternativen sind nun aber »angesagt«. Man sucht bewußt die gefühlvolle Gemeinschaft (und wenn es eine Wohngemeinschaft ist), will sich sinnlich anregen, begeistern und mitreißen lassen. Violett besitzt die Faszination, dies zu bewirken.
»So wie die Steigerung selbst unaufhaltsam ist, so wünscht man auch, mit dieser Farbe immer fortzugehen, nicht aber tätig vorwärts zu schreiten, sondern einen Punkt zu finden, wo man ausruhen könnte.« (Goethe)
Wundert es eigentlich noch, daß Violett die typische Farbe der phantastischen Literatur (Fantasy, Science Fiction, Grenzwissenschaften) ist, gern schon bei der Buchumschlaggestaltung als Signal eingesetzt wird, ja Märchen, Mystik und Phantastik überhaupt plötzlich wieder in der Literatur »in« sind?
»Violett ist die geheimnisvollste, rätselhafteste aller Farben. Sie ist gleichbedeutend mit meditativem, mystischem Denken, das eifersüchtig sein Geheimnis wahrt. Violett ist traurig, melancholisch und würdevoll. Wenn es in Lila über-

geht, wirkt es mehr magisch als mystisch, mehr kränklich als seriös. Lila ist nicht so selbstsicher wie Violett. Es ruft Erinnerungen an eine vergessene Kindheit wach mit ihren Träumen und ihrem Reich der Phantasie.« (Favre/November)

Fassen wir zusammen: Violett deutet als Farbe auf folgende Zustände hin: Sensibilität, Verwandlung, Faszinationsbereitschaft. Mit zunehmender Verdunkelung wird es starrer, strenger, tiefe Mystik widerspiegelnd. Heller (also Lila) wird es leichter erregbar, verführbar und schwankend in seinen Stimmungen.
Beides, sowohl Dunkelviolett als auch Hell-Lila sind sehr kosmetische Farben, denen immer sofort bestimmte Duftrichtungen zugeordnet werden, wahrscheinlich weil sie so unmittelbar an Flieder, Lavendel, Veilchen und ähnliche frische, zarte Blüten erinnern.
Violett ist sinnlich körperbezogen, mit zunehmender Verstandesbetonung und rationaler Reife (bei möglicherweise gleichzeitiger emotionaler Armut) wird es abgelehnt. Eine Farbe, die in der Gestaltung und Kleidung mit Bedacht eingesetzt werden sollte, weil sie oft unerwünschte Reaktionen hervorruft, die kraß zwischen den unterschiedlichsten und gegenteiligsten Positionen pendeln.
Assoziationen zu Violett: düster, tief, zwielichtig, samtig, faulig-süß, narkotisch, Moll-Klang,

Magie, Mystik, Introvertiertheit, Geheimnis, Trauer, Maske, verboten, intim.
Assoziationen zu Lila: schwächlich, zart, süßlich, dekadent, kosmetisch, intim, zärtlich, weich, morbid, einsam, verzweifelt.

Die Farbe Braun

Die Farbe Braun dürfte es eigentlich gar nicht geben – sie kommt nicht im Regenbogen vor, es gibt kein braunes Licht, und der Himmel, der nahezu in allen Farben getönt sein kann, kennt nur eine nicht: Braun.
Und dennoch ist uns allen die Farbe Braun von Urzeiten an vertraut. Wir stehen nämlich im wahrsten Sinne des Wortes auf ihr. Und das von Kindesbeinen an. Braun ist der Boden, die Erde, das Feste und Sichere unter den Füßen.
Diese Farbe garantiert uns soviel Sicherheit, daß wir gar nicht mehr daran denken, sie könnte eines Tages nicht mehr existieren, oder zumindest ins Wanken geraten – was ja bei Erdbeben durchaus der Fall sein kann. »Festen Boden unter den Füßen haben« ist eine Selbstverständlichkeit für uns, über die wir nur selten nachdenken und auch nur dann, wenn wir »aus dem Tritt gekommen« sind und wieder »festen Fuß fassen« wollen.

Braun ist also fest, stabil und nützlich und bedeutet für uns solide Sicherheit, die so gewohnt ist, daß wir sie für die Realität überhaupt halten. Es ist tatsächlich die Erde, nur nicht das Symbol dafür (dies ist nämlich ein tiefes Blau).

Wir können uns an die psychologische Bedeutung der Farbe ebenso herantasten, wie es der Farben mischende Maler tut: Das erregende, überaktive Orange wird mit dunklen Farben »beruhigt«. Wir erhalten ein gedämpftes Braunrot, in dem der Kampf des Rots bereits ausgetragen ist, im dunklen, getrübten Braun bereits die Waffen gestreckt und Frieden geschlossen hat. Braun ist also über die aktive Seite des Lebens hinaus und verkörpert nun das Leben selbst, aber auf passive Weise.
»Braun verkörpert die vitale, leiblich-sinnliche Empfindung, das Triebhafte der Es-Steuerung.« (Lüscher)
Wir stellen fest, daß die körperliche Gespanntheit des Sympathikus abgeklungen ist, aber nicht im Sinne seines Gegenteils (Blau), sondern in Form einer echten Erschlaffung. Hier gilt nur noch das Gesetz der körperlichen Sinnlichkeit, des behaglichen Genießens und Wohlfühlens. Obgleich festzustellen ist, daß Braun vielfach nur als »vorübergehende Durchgangssituation« angesehen wird, wäre es völlig falsch, davon zu reden, daß Braun die Farbe der Erschöpfung sei. Sie wird von den meisten Menschen ja

durchaus positiv betrachtet und als erstrebenswerte, passive Behaglichkeit empfunden.
Nicht von ungefähr spiegelt sich dieses Lebensgefühl in der Art zu wohnen (in einer warmen, schützenden Höhle) wider: Viel braunes Holz erzeugt Behaglichkeit und gemütliche Gastlichkeit (Restaurants). Ebenso in der Mode: in der kalten Jahreszeit schaffen Brauntöne (Stoffe, Leder und Pelze) angenehme Wärme. Der Slogan »Hineinschlüpfen und sich wohlfühlen« könnte symptomatisch für den Brauncharakter stehen.
Wer Braun indes als unsympathisch ablehnt, ignoriert (nach Lüscher) den vitalen Zustand des Leibes: »Andere Interessen, Bedürfnisse oder Ansprüche dominieren so sehr, daß keine angemessene Rücksicht auf das Befinden des eigenen Leibes genommen wird. Er wird entweder durch die Unterdrückung der sinnlichen und sexuellen Befriedigung oder durch sexuelle Übertreibung oder durch einen übersteigerten Leistungsehrgeiz überfordert. Wer Braun ablehnt, vermag schwerlich mit verweilendem Behagen entspannt zu genießen. Braun repräsentiert infolgedessen nicht nur den nervlich-körperlichen Zustand, sondern es läßt auch erkennen, ob die sinnliche Behaglichkeit im Tagesablauf eine angemessene Rolle spielt und ob dem leiblichen Wohlbefinden wirklich Rechnung getragen wird.«
Und in Bezug auf die soziale Komponente: »Wer Braun ablehnt, will sich aus den triebabhängigen

Masseninstinkten herausheben und als individuelle Persönlichkeit bestätigt werden. Er bedarf daher der ausdrücklichen Anerkennung und möchte durch persönliche Aufmerksamkeit gewürdigt werden.«

Diese interessante tiefenpsychologische Deutung vermag uns Klarheit über ein Phänomen der jüngeren deutschen Geschichte zu verschaffen, das heute von vielen immer noch nicht richtig verstanden wird – dem sogenannten 3. Reich: In der Nazi-Diktatur war Braun Staatsfarbe. Der Ursprung der braunen Uniformen kommt aus übersteigerter germanischer Mythologie. Die »Braunhemden« wollten bewußt Erinnerungen an die »Berserker«, die Bärentöter (einen archaischen, bärenfelltragenden Männerbund) wekken, und glaubten sich in diesem Sinne elitär außerhalb der Gesetze stehend. Ja, sie verkörperten das Gesetz selbst, das Recht des Stärkeren, der töten darf und (aufgrund ihrer mystischen Schicksalsgläubigkeit) töten muß.

Nach außen hin, für die übrige Bevölkerung, symbolisierten sie erdhafte Sicherheit und Zuverlässigkeit. Genau daran aber mangelte es in dieser Zeit. Nichts war sicher und zuverlässig. So strömten die Massen zu den »Braunen«, weil sie sich dort endlich einen festen Halt, einen soliden, stabilisierenden Machtfaktor versprachen. Nach 1933 mußten sie dann erleben, wie dieser Machtfaktor allmächtig wurde, so dominierend, daß das Individuum entpersönlicht, kastriert und von der Recht-und-Ordnungs-Maschinerie niedergewalzt wurde. Der Kreis, den die »Braunen« mit ihrer Erdverbundenheit (Blut und Boden, Heimatscholle) begonnen hatten, schloß sich konsequent: sie gaben erst Ruhe, als sie die Städte, Menschen ihres Wirkungskreises und schließlich sich selber wieder zurück zum Braun gebracht hatten – nämlich in die Erde.

Nach diesem Diskurs über die unheilvolle Diktatur einer Farbe zurück zu der typischen Charakteristik von Braun.
Braun wird allgemein als eine kompakte, »anständige«, bürgerliche Farbe angesehen, die solide, leicht hausbacken und langweilig, mütterlich streng aber zuverlässig assoziiert. Weitere spontane Nennungen sind: Arbeit, Hausfrau, Nahrung, Kot, Braten, gutbürgerliche Hausmannskost, deftig, gebacken, trocken, bröselig, muffig, Schokolade, Tabak, Kaffee, zuchtvoll, ungeistig, rauh aber gemütlich.
Aus Untersuchungen (H. Klar) wissen wir, daß gewohnheitsmäßige Opiumraucher Braun signifikant bevorzugen. Lüscher sagt dazu: »Die dumpfe, trübe Farbe wird oft von Menschen bevorzugt, die sich in einem ihnen ausweglos erscheinenden Konflikt befinden. Sie wollen nicht mehr nachdenken, sie fliehen Vernunft und rationaler Klarheit, aus Angst, das Leben, das sie führen, nicht mehr ertragen zu können. Um die Vernunft zu betäuben, wird eine Zu-

flucht in der primitiven Triebhaftigkeit (Braun) gesucht.«

Solcherart Ersatzbefriedigungen regressiven Charakters, also »Zurück zum Wohlbefinden«, begegnen wir allerorten: Ob es das warme Bad ist, in dem man zur Entspannung stundenlang liegt, oder die Schlemmermahlzeit (auch die Süßigkeiten als Selbstbelohnung), das Bett als Zentrum des Wohlbefindens, oder der Hang des Städters zum »einfachen Leben nach Gutsherrenart« (also die Früchte des Landlebens genießen, möglichst ohne die dafür erforderliche Mehrarbeit zu erbringen).

Wenn Grün das Ich, die Seele, den Willen zum Leben und zur Selbstbehauptung in den Vordergrund stellt, so konzentriert sich Braun ausschließlich auf die leibliche Seite des Ichs. Braun ist der sinnliche Genuß des »einfachen Lebens« und oft noch ein bißchen mehr und zuviel des Guten.

Eine Überbetonung körperlicher Empfindlichkeit zeigt sich bei Braun-Vorliebe auch in Bezug auf Schmerzen. Besonders deutlich wird das bei hospitalisierten Kindern. Nach Cardinaux beachten solche Kinder mehr als andere einen ärztlichen Rat. Sie sind überempfindlich in Bezug auf das eigene Wohl. Offenbar fehlt ihnen aufgrund der nicht vorhandenen mütterlichen Kontrollinstanz jegliche Unbekümmertheit. Sie haben Angst, ständig zu kurz zu kommen, nicht dabei zu sein, zu wenig zu essen zu bekommen.

Flehinghaus, der das Verhalten von Volksschulkindern untersuchte, betont, daß von besonderer pädagogischer Bedeutung die Beobachtung sei, daß milieugeschädigte Kinder aus asozialen Verhältnissen oft Braun als Lieblingsfarbe wählen. Er deutet dies als Streben nach Verwurzelung.

Nach dem Vorangegangenen ist es fast überflüssig zu sagen, daß Braun (in vielen Nuancen) eine in Mode, Werbung und Produktgestaltung gern und häufig verwendete Farbe ist. Sie suggeriert vollen Geschmack, kraftvolle Ausgereiftheit, Volumen und solide Herkunft (Tabak, Kaffee, Eis). Damit verkörpert Braun einen »großen Nutzen«, der dem Anspruch einer auf den Körper bezogenen Zufriedenheit entgegenkommt.

Die Farbe Schwarz

Am Anfang war das Nichts, aus ihm gebar sich alles, sagen die heiligen Bücher der Asiaten. Und »Gott sprach: Es werde Licht«, sagt die Bibel.
Diese Sätze machen deutlich, daß Schwarz, Weiß und allem, was dazwischenliegt (Grau) von Anbeginn der Menschheitsgeschichte an überragende Bedeutung zugemessen wurde. Mehr als jeder anderen Farbe (auch mehr als Rot!) werden ihnen Prinzipien zugeordnet, die weit über die Symbolik »normaler« Farben hinausgehen.
Schwarz, Weiß und Grau sind ja auch keine »normalen« Farben. Der Farbtheoretiker bezeichnet sie – im Gegensatz zu den sogenannten »bunten« Farben (die mit Hilfe der Sehzäpfchen im menschlichen Auge wahrgenommen werden) – als »unbunt« oder »Nichtfarben« (da nur die für Hell-Dunkel-Unterscheidungen zuständigen Sehstäbchen am Wahrnehmungsprozeß beteiligt sind). Volkstümlich gelten sie nicht als »richtige« Farben. Und dennoch sind gerade sie wohl die Urfarben überhaupt.

Selbst in den primitivsten aller Sprachen (die nach Berlin und Kay nicht mehr als zwei Farbbezeichnungen kennen) kommen die Begriffe Schwarz und Weiß vor und scheinen damit noch älter zu sein, als der erste »richtige« Farbname Rot. Denn sie verkörpern die Prinzipien Licht und Finsternis, Gut und Böse, die großen, menschenbewegenden Gegensätze überhaupt.
Die Zuordnung ist immer gleich und deutlich. Schwarz ist die Farbe des Nein, Weiß die Farbe des Ja. Infolgedessen haben wir, wenn wir uns im Folgenden vorerst ausschließlich mit der Farbe Schwarz beschäftigen, doch ständig dabei ihr Gegenteil (nämlich Weiß) im Hinterkopf.

Am Anfang herrschte also das Chaos, der dunkle Urgrund, die Abwesenheit des Lichts, das absolute Nichts. Diesem Zustand wirkte als polare Kraft die ordnende Schöpfung entgegen: das Aufkommen des Lichts, die Erleuchtung, die göttliche Morgenwerdung, die alles mit Leben erfüllt und so lange da ist, bis sie im großen Kreislauf wieder ins Dunkel des Nichts zurücksinkt, ins Ende, aus dem schließlich wieder ein neuer Anfang entstehen kann.
Und ständig befinden sich Licht und Finsternis, Gut und Böse, Leben und Tod miteinander im Kampf. Das eine bedingt das andere, keines kommt ohne das andere aus, wäre allein für sich nur äußerst schwer vorstellbar.
Und beides zusammen erst ist das Sein in seiner

Gesamtheit, wie es das bewegte Yin und Yang-Symbol gut nachvollziehbar ausdrückt. Dieses Weltbild liegt fast allen Religionen zugrunde. Alle kennen den Dualismus, der in den vielfältigsten Erscheinungsformen miteinander ringt und den Menschen als im Mittelpunkt des Universums befindlich betrachtet.

Die einfachsten Auswirkungen sind für den Menschen ja auch jederzeit feststellbar: etwa der Wechsel von Tag und Nacht, von Licht und Schatten, von guten und schlechten Taten.

Natürlich ist alles dabei relativ. Ein absolutes Schwarz gibt es ebenso wenig wie ein absolutes Weiß. Obgleich es doch heißt: Die Summe allen Lichtes ist Weiß, die Summe aller Pigmentfarben ist Schwarz. Dies ist rein physikalisch schon unmöglich. Es gibt keinen Körper und keine molekulare Oberflächenstruktur, die das darauf fallende Licht so restlos absorbiert und in Wärme umwandelt, daß man von »reinem« Schwarz sprechen könnte.

Joseph Beuys hat (1981 bei der Düsseldorfer »Schwarz-Ausstellung«) deutlich gemacht, daß man sich Schwarz nur experimentell-physikalisch annähern kann, indem er durch ein schwarzes Loch in ein gekrümmtes Ofenrohr blicken ließ. Jeder Physiker kann bestätigen, daß erst im dunklen, gekrümmten Raum das Schwarz zur »echten« Schwärze gelangt (wobei allerdings »echt« auch hierbei nur als Annäherung an ideale Werte zu verstehen ist).

Aber spielen wir die Überlegung ruhig einmal zuende: Auch im schwärzesten Schwarz der dunkelsten Tiefe würden wir kein absolutes Schwarz sehen können, denn offenbar ist unser Auge dafür nicht eingerichtet. Beim Sehprozeß ist selbst unter lichtlosen Zuständen immer noch etwa 5 % Lichtreflexion vorhanden, die uns ein echtes Schwarz vorenthält und dafür ein sehr, sehr dunkles Grau anbietet. Man spricht auch vom »Eigengrau« des menschlichen Augeninneren. (Frieling)
Um tatsächlich richtiges Schwarz zu haben, müßte man also Minus-Licht annehmen, Erscheinungsformen, die in der Physik unter der Bezeichnung »schwarze Löcher« firmieren. Es handelt sich hierbei um Zonen im All, die mit großer Anziehungskraft Materie ansaugen, schlucken und in Antimaterie umwandeln.

Wir sagten, Schwarz ist das Negieren von Licht, das Negative an sich. Aus frühen Textstellen der Bibel geht hervor, daß der Teufel, auch Satan oder Luzifer genannt, ein gefallener Engel war, ein Wesen, das Licht zu den Menschen brachte und wie ein Komet auf der Erde verlosch. Fortan wohnte der »Leibhaftige« als böse, dunkle Kraft der Materie inne, die im Gegensatz zum reinen Geist Gottes stand.
Der Teufel verkörpert das Schlechte der Welt, die Triebhaftigkeit der Körper (Sünde), die Sucht, Dinge in den Besitz zu bekommen und zu än-

dern. Als Gegenpart Gottes, der im Himmel zuhause ist, haust der Teufel im dunklen Inneren der Erde, in der Hölle. Der Name Hölle stammt vermutlich von »Hel« ab, der germanischen Göttin der Unterwelt, die in ihrem schwarzen Reich die Körper der Verstorbenen sammelt, und auch als Frau Holle im Märchen auftaucht. Es handelt sich also um eine Art großer Urmutter, der »Mutter Erde«, die aus ihrem Schoß Leben schenkt, deren Vagina verehrt wird (Höhlen-, Grotten-, Quellen-Heiligtümer) und in deren Schoß wieder alles Leben endet (Friedhof, auch der Höllenschlund, der das Lebendige verschlingt, wird so verstanden).
Noch einmal klingt Erinnerung an die Göttin Hel auf, wenn von des »Teufels Großmutter«, die er gelegentlich in der Hölle besucht, die Rede ist.
Hel ist eine Vorstellung matriarchalischer Zeiten. Der Teufel hingegen ist christlich-patriarchalisch ausgerichtet. Er wird als aktiver Verführer geschildert, der das Böse und die Versuchung in all seiner schillernden Faszination verkörpert. Nicht von ungefähr wird ihm daher neben Schwarz oft auch die Farbe Rot zugeordnet. Die Teufelssymbolik ist stets die der Nacht, seine Attribute und Begleitwesen sind allesamt dunkel: die schwarzen Fliegen, Raben und Fledermäuse, der Wolf, die Schwarzgeister, Dämonen und Verehrer der »schwarzen Magie«.

Wir können nicht behaupten, das Christentum habe den Teufel als Gegenpol Gottes erfunden, denn seine Existenz läßt sich in zahlreichen anderen Religionen ebenso feststellen. In der griechischen Mythologie kennt man eine dunkle, lebensfeindliche, ja lebensvernichtende Unterwelt, den Hades. Er ist der Aufenthaltsort der Seelen nach dem Tode, in ihn steigen sie als Phantome oder Schatten ihrer selbst hinab. Der griechische Hades verkörpert das Prinzip der »Gegenseite« zum Leben, der ewigen Nacht, des Todes und auch des Winters, der alles Leben ersterben läßt.

Allerdings deuten die Keime neuen Lebens, die in seinem Schoße liegen, bereits an, daß auch den Griechen die Gedanken der Wiedergeburt, der Seelenwanderung und des ewigen Lebens nicht fremd waren. Und auch hier wird der polare Gegensatz zwischen Schöpfung und Vernichtung personifiziert dargestellt – im aktiven Lichtgott Zeus, der die Zukunft gestaltet und im passiven Dunkelherrn Hades, der die Vergangenheit bewacht.

Ähnliches dachten bereits die alten Ägypter und viele andere Hochkulturen der Erde, ebenso aber auch primitive Stammesreligionen im Inneren Afrikas oder bei den Indianern.

Die Ägypter benannten die helle, lebensspendende, schöpferische Kraft »Ptah«, den Gegenpart dazu »Ka«, den Schatten des Seins, das, was nach dem Tode in der Unterwelt weiterlebt.

Auch Osiris und die schwarze Isis sind solche Gegensätze, zwischen deren Spannungsgefüge alles Leben seinen Sinn und seine Ordnung fand.
In der indischen Mythologie spiegelt sich dieser Dualismus im strahlenden Gott Shiva wider und in seiner Gattin Kali, der »schwarzen Kali«, der großen Mutter, vielarmigen Verwandlerin und reulosen Vernichterin.
Bei den Zigeunern, die ihre sagenumwobene Herkunft sowohl von Indien als auch Ägypten ableiten, gilt heute noch die »schwarze Sara«, die Schutzpatronin der Erde, neben Maria als Hauptheilige, die alljährlich in Les Saintes Maries de la Mer (Provence) verehrt wird. Ebenso kennen wir ja auch die »schwarze Madonna« des Ostens und vielerlei Parallelen aus anderen Religionen.
Wir hatten gesagt, Schwarz bedeute die Negation, die Verkörperung des Neins. Dies spiegelt sich nun in allerlei Kulturen, abenteurlichen Bräuchen und Volkstum wieder. Zuvorderst sei hier die sogenannte »schwarze Messe« genannt, die Kulthandlung der Schwarzmagier und Anhänger eines das Christentum verneinenden Okkultismus, die kirchliche Rituale bewußt in ihr Gegenteil umwandelt.
Wer »schwarze Magie« betreibt, beschäftigt sich vorrangig mit der materiellen Seite des Seins, ja will sich möglicherweise durch unsaubere Mittel konkrete Vorteile gegenüber anderen verschaffen.

Der Kampf zwischen Schwarz und Weiß durchzieht die ganze Geschichte der Menschheit, all ihr religiöses Hoffen, ihre Fantasie, ihr dichterisches Sehnen und deren symbolhafte Bewältigung.
Schon das Schachspiel ist ja eine Art Weltbühne, auf der sich – en miniature – das gewaltige kosmische Ringen vollzieht: Weiß greift Schwarz an und jedesmal ist der Ausgang des Geschehens offen. Auch im Mühlespiel und anderswo finden wir die gleiche Grundstruktur. In Stein geritzte Brettspiele dieser Art sind seit der Altsteinzeit bekannt, man hat sie lange Zeit für Grafittis rastender Hirten gehalten. Genau das waren und sind sie auch, heute ebenso wie vor zwanzigtausend Jahren.
In Märchen, Sagen und Legenden kämpfen die Prinzipien Gut und Böse stellvertretend für uns und für etwas, das sich tief im Innern auch in der eigenen Seele vollzieht. Beide Seiten bedienen sich ganzer Heerscharen von Helfern dabei, gute und böse Hexen, Zauberer, Elfen, Feen, Zwerge, Licht- und Finstergeister, Dämonen und abenteuerlichste Gestalten treffen im ewigwährenden Kampf aufeinander. So wie es schon in der nordischen Mythenwelt war, deren Glaubensinhalt ein ständiger Kleinkrieg zwischen Gut und Böse darstellt, der sich bis zum jüngsten Tag fortsetzt, an dem alle Kräfte, auch die vergangenen Götter, Helden und Seelen in einem gewaltigen Endkampf aufeinanderprallen. Gleichwohl ist

der Ausgang bereits vorgezeichnet: ein erschöpfendes Patt, aus dem sich alles wieder von vorn entwickelt. Von diesem Endzeitringen ist auch in der Apokalypse des Evangelisten Johannes die Rede, es durchzieht als Grundthema Tolkiens »Herr der Ringe« und alle die nach ihm folgenden Fantasy- und die meisten Science-Fiction-Romane. Sie alle, die großen Märchenspiele (auch Goethes »Faust« war ursprünglich ein Puppentheater), variieren das gleiche Thema. »Stars wars«, der »Krieg der Sterne«, ist nur eine weitere Variante zu Johannes, Dante, Goethe, Tolkien und Michael Ende.

Erich Fromm hat die innewirkenden Grundkräfte »Biophilie« (Bejahung des Lebens) und »Nekrophilie« (Verneinung des Lebens, vom griech. »nekros« = Tod) genannt.

»Die Biophilie ist die leidenschaftliche Liebe zum Leben und allem Lebendigen ... Der biophile Mensch baut lieber etwas auf, als daß er das Alte bewahrt. Er will mehr sein, statt mehr haben. Er besitzt die Fähigkeit, sich zu wundern und er erlebt lieber etwas Neues, als daß er das Alte bestätigt findet. Das Abenteuer zu leben ist ihm lieber als jede Sicherheit. Er hat mehr das Ganze im Auge als nur die Teile, mehr Strukturen als nur Summierungen. Er möchte formen und durch Liebe, Vernunft und Beispiel seinen Einfluß geltend machen – nicht durch Gewalt und dadurch, daß er die Dinge auseinanderreißt, nicht dadurch, daß er auf bürokratische Weise

Menschen behandelt, als ob es sich um tote Gegenstände handelt.« (Fromm)

Schwarz ist also die Farbe des Nekrophilen, der Absage an alles Positive, des unbedingten Nein zur Entfaltung.
»In Schwarz äußert sich deshalb der Wille zur Vernichtung des Bestehenden. Die schwarze Negation tritt als Opposition auf und ebenso als autoritärer Zwang gegen jede andere Meinung und Lebensweise. Schwarz war immer wieder die Farbe der anarchistischen Opposition oder der forcierten, zwingenden Machtansprüche. Der zwingende Machtanspruch bildet den gemeinsamen Nenner für so verschieden scheinende Lebensbereiche wie Schwarz als Farbe des Todes, als Farbe des feierlichen Ernstes, als Priesterkleidung und als Sexwäsche« (Lüscher).
Alle Sprichwörter, die wir kennen, weisen auf diesen Zusammenhang: für etwas oder jemanden »schwarz sehen« bedeutet, daß man keine Chance mehr zum guten Gelingen sieht. Eine »schwarze Seele« ist ein Mensch, dem man lieber aus dem Weg gehen sollte. Wenn einem »schwarz vor den Augen wird«, meldet sich das Ende des Bewußtseins, eine nahende Ohnmacht an, die ins Nichts sinken läßt. Jemanden »anschwärzen« ist gleichbedeutend mit verleumden, anzeigen, »verpfeifen«. Schwarze Vögel (besonders Unglücks-Raben) gelten als böses Omen, ebenso wie die schwarze Katze, die von links

(von der Herzseite) über den Weg läuft. Mit dem »schwarzen Mann« werden leider immer noch Kinder geschreckt, er stellt eine Art Buhmann, eine mildere Form des Teufels dar.
Vor allem aber wird Schwarz mit Siechtum, Verfall und Tod gleichgesetzt. Alle schlimmen Krankheiten des Mittelalters waren »schwarz«: die »schwarze Pest«, die »schwarzen Blattern«, überhaupt der »schwarze Tod«.
Natürlich kann man sich die Herkunft dieser Bezeichnungen logisch ableiten – geronnenes Blut etwa wird schwarz – aber es steckt wohl noch mehr dahinter, nämlich die Erinnerung an den endgültigen Übergang allen »bunten« Lebens und Treibens in den »schwarzen« Zustand des Todes, wie er bei Fäulnis, Schimmel und dem »schwarzen Brand« vorkommt.
Schließlich bringt auch das Verbrennen ein »schwarzes« Ergebnis: Ruß, Asche und Qualm sind schwarz, ebenso Kohle, besonders die Holzkohle. Leichen, die lange luftabgeschlossen im Moor gelegen haben, werden schwarz, ähnlich wie Torf, Kohle und schwarze Erde. Schwarz scheint der Endzustand des Lebens zu sein.
Weitere Negativbedeutungen von Schwarz lassen sich beinahe endlos auflisten: Schwarzer Freitag (in den 30er Jahren Tag des weltweiten Börsenzusammenbruchs), schwarzer Humor, schwarzer Peter (die schlechteste Karte, die es gibt), schwarze Liste, Schwarzarbeit, schwarzer Tag, warten bis man schwarz wird, schwarz wie

die Nacht, jemandem nicht das Schwarze unter dem Fingernagel gönnen, Schwarzärgern, Schwarzfahren, Schwarzmarkt, Schwarzhandel, Schwarzsender, Schwarzes Schaf (anders sein), Schwarze Hand (ein politischer Geheimbund in Serbien zu Anfang des Jahrhunderts, möglicherweise durch den Mord von Sarajewo Auslöser des 1. Weltkriegs), Schwarzbuch (Auflistung von Negativtaten), Schwarzgeld, Schwarzmalen (etwas in düsteren Farben schildern).

Allgemein gilt im Volksmund Schwarz als die Farbe des Pessimismus, von Unglück und Verlust.

Mit zu den »schwärzesten Kapiteln« der Geschichte gehört der nekrophile Vernichtungsfeldzug der schwarz uniformierten SS-Verbände (die zudem noch mit Totenkopf und Knochensymbolen ausgestattet waren) in der Hitlerzeit, die sich besonders unrühmlich im Umfeld der KZs und Todeslager hervorgetan haben.

Die »Schwarzen« oder »Totenkopfhusaren« sind noch älter. Bereits die »schwarze Schar« des »schwarzen Herzogs« (Freicorps des Herzogs Friedrich Wilhelm von Braunschweig) setzte nach dem Waffenstillstand mit Napoleon den Krieg entgegen den Abmachungen fort. Die »schwarze Reichswehr« war eine illegal aufgestellte Truppe, die nach dem 1. Weltkrieg in Deutschland bestand. Die paramilitärischen Verbände der italienischen Faschisten unter Mussolini traten in schwarzen Hemden auf.

Wie verhält es sich nun mit der überraschenden Hinwendung zur Farbe Schwarz in unseren Tagen? Bei Rockern und Punks springt die Hinwendung zur Nekrophilie sofort ins Auge. Die schwarze, alles bunte, lebendige ablehnende Kleidung ist es ja nicht allein, sondern es kommen noch deutliche Attribute von Gewalt und Zerstörung hinzu: kalte Metallnieten, Dornenstacheln, Totenköpfe, Rasierklingen, Sicherheitsnadeln, Schlagringe, Ketten und Stacheldraht. Ihre Isoliertheit in der Gesellschaft und der daraus resultierende totale Narzismus, der sich nur um sich selbst drehende Egoismus, stülpt sich nach außen und zeigt an, wie es im Inneren bestellt ist – tot, ausgebrannt, ohne Hoffnung und abgeschnitten von aller Lebendigkeit. Eben »no future«.
»Schwarz gibt die Stauung, Abwehr und Verdrängung von Reizeinflüssen wieder. Wer (im Farbtest) Schwarz an 1. Stelle wählt, lehnt sich aus trotzigem Protest gegen sein Schicksal auf ... Die Testerfahrung zeigt, daß nur höchstens 1,4% der Erwachsenen unter den unbunten Farben zusammen Schwarz und Weiß bevorzugen. Am häufigsten werden sie von Menschen gewählt, die einer starken, unerträglichen psychischen Belastung mit krisenhafter Zuspitzung ausgesetzt sind, zum Beispiel in der Pubertätskrise, von Kindern während des Spitalaufenthalts, von Neurotikern und Psychotikern.« (Lüscher)

Das kann und soll nun nicht heißen, daß etwa das schwarze Kleid, die Handtasche oder Lederjacke immer auf eine Neurose oder Psychose hinweist.
Dazu ist Schwarz zu sehr Modefarbe, die dreierlei verkörpern kann: Eleganz, Trauer und Anderssein. Mit der schwarzen Kleidung zeigt man an, daß man anders sein möchte und sich bewußt von der Welt abgrenzen will. Die schwarze Limousine, der schwarze Anzug und der schwarze Aktenkoffer sollen so etwas wie Ansehen und Würde vermitteln, mit denen man sich von der durchschnittlich bunten Welt abheben will.
Im Mittelmeerraum tragen alle Frauen von einem gewissen Alter an Schwarz. Nicht, weil sie Witwen wären, sondern weil sie damit eine gewisse Reife und matronenhafte Würde anzeigen wollen.
Auch die Möblierung und Materialausstattung von Büros und Amtsstuben war bis vor kurzem (als die »Humanisierung des Arbeitsplatzes« begann) noch schwarz und streng. Hier wurde mit Schwarz das Besondere gemeint, das Distanzierende, Darüberstehende. Besonders auffällig verkörpern dies schwarze Amtstrachten (Richter, Musiker, Kellner). Einzige Ausnahme hierzu stellt der Schornsteinfeger dar, dessen Kleidung (wie früher auch der Heizer, Bergknappe und Zimmermann) allein aus praktischen Erwägungen heraus, wegen der »Schmutzfarbe« Schwarz also, gewählt wurde. Nicht geklärt ist dabei, wie

der Schornsteinfeger (der schwarze Mann) zum Glückssymbol geworden ist. (Eine ähnliche Ausnahme stellt die Positiv-Redensart dar, die vom »ins Schwarze treffen« spricht. Hier ist eindeutig das Zentrum der Zielscheibe und damit Erfolg gemeint).

Daß Trauer und Begräbniszeremonien schwarze Kleidung, zumindest einen schwarzen Schlips oder eine »Trauerbinde« erfordern, liegt an unserem Verständnis des Todes. Für den westlichen Menschen stellt er das Ende, das Verlöschen des Lebens, den endgültigen Verlust dar, während für den östlichen Menschen, der wesentlich stärker an die Wiedergeburt und die Unzerstörbarkeit allen Seins glaubt, die Farbe Weiß bei Beerdigungen viel angebrachter ist. Für ihn stellt der körperliche Verfall kein Ende, sondern den Beginn eines neuen Zyklus dar, die Seele geht, jenseits von Schuld und Sünde, ein ins reine, weiße Licht der Alleinheit, um von dort aus in neuer Gestalt ein erneutes Leben zu beginnen.

Ein weiteres Merkmal von Schwarz ist auch, daß neben ihm jegliche andere Farbe stärker zum Tragen kommt. Schwarz »erhöht«, es läßt die bunten Farben neben sich leuchten. Gerade dieses Moment spielt in der modischen Kombination von Schwarz zu anderen Farben eine wichtige Rolle.

Gerade durch den Negativeffekt – sich deutlich vom farbigen Umfeld abzuheben – wirkt

Schwarz auch auffallend und interessant, bis hin zur bewußten Provokation, die erschreckt.
So wirkten die schwarzen Fahnen der Seeräuber und entschlossenen Kämpfer in den Bauernkriegen, die schwarz maskierten Desperados, die schwarze Kluft Zorros, das Erkennungszeichen aller einsamen Rächer und Gesetzlosen nach ihm.
Kein Wunder also, daß Schwarz in der Mode – besonders als Ausdruck pubertärer und spätpubertärer Trotzreaktion – seine Verwendung findet.

Im allgemeinen wird Schwarz von Erwachsenen heftig abgelehnt und zwar gleichermaßen von Männern wie Frauen. Lediglich depressive Menschen zeigen einen Hang zu schwarzer Kleidung.
»Die Verabsolutierung durch das Schwarz zeigt auf etwas Endgültiges, Unerlösbares, Unerlösliches. Daher drückt es gewisse Zwänge aus, vom Überdrußgefühl angefangen bis zur schweren Zwangsneurose. Stets zeigt Schwarz irgendeinen Konflikt an, auf welchem Gebiet er auch innerlich ausgetragen werden mag . . . Die Ablehnung des Schwarz ist aber auch die Tendenz, sich von Undurchschaubarem nicht ängstigen lassen zu wollen; aber gleichwohl ist sie die Angst vor destruktiven Ereignissen, Abgründen und Schicksalsmächten.« (Frieling)

Schwarz scheint mit einer gewissen Urangst zusammenzuhängen, aus deren gleichen Quelle die

Neurose gespeist wird. Besonders alarmierend ist es daher, wenn Kinder Schwarz zu ihrer Lieblingsfarbe erklären, denn diese Farbe wird von gesunden, vitalen Kindern geradezu verabscheut. Das ist auch kein Wunder, denn (nach Frieling) wendet Schwarz sich vom Vitalen ab, vielleicht auch vom Primitiven. Schwarz ist intellektuell. Es ist die Farbe der Theorien und philosophischen Spekulationen bis hin zum erstarrten, lebensfeindlichen Gedankengerüst. Damit kann aber ein Kind noch nichts anfangen. Schwarz ist ein Loch, ein Unbegreifliches, ein Sinnbild jenes Lebensgefühles, das nicht erwachen, sondern verlöschen will. Und noch einmal Frieling: »Schwarz erscheint mit Sicherheit immer dort, wo eine vitale Macht ersetzt wird durch eine theoretische, zwingende, formalisierende, reduzierende. Keine andere Farbe weist so eindeutig auf das hin, was man allgemein als neurotisch bezeichnet.«

Für Lüscher sind daher die physiologische Wirkung »Stauung« und die psychologische »Zwang«.

Er wundert sich daher nicht, daß Schwarz als unsympathischste Farbe abgelehnt wird (was statistisch tatsächlich am meisten vorkommt), denn wer Schwarz nicht mag, will nicht verzichten. Verzicht bedeutet »Entbehrung und ängstigende Defizite«. Wer will das schon freiwillig auf sich nehmen?

Ähnlich schätzen auch Favre und November die

Farbe ein: »Schwarz ist dunkel und kompakt und stellt ein Symbol der Verzweiflung und des Todes dar. Es ist die Leere ohne Möglichkeiten, ein ewiges Schweigen ohne Zukunft, ja sogar ohne Hoffnung auf eine Zukunft.«

Eine einzige »biophile« Ausnahme bietet Schwarz auf dem Gebiet der Erotik. Schwarz umrandete Augen galten schon im alten Ägypten und in Indien als erotisierend, weil sie den Blick tiefer und geheimnisvoller werden lassen. Diese Sitte, das Tuschen der Wimpern, gab es durch alle Jahrhunderte bis in unsere Zeit hinein. Im Rokoko kamen noch schwarze Schönheitsflekken auf der Wange hinzu.
Irgendwie scheint Schwarz zu faszinieren. Schwarze Haare gelten als rassig, schwarze Augen als glutvoll und feurig, dunkle Haut, besonders schwarze, wirkt auf Weiße stimulierend (black is beautyful). Schwarze Unterwäsche wird »Reizwäsche« genannt, was vielleicht daran liegt, daß das Schwarz einen scharfen Kontrast zur Hautfarbe erzeugt und das Fleisch irgendwie lebendiger, »lustvoller« macht.
Allerdings ist auch hier die Grenze fließend: einen Schritt weiter und wir sind bei den schwarzledernen Bekleidungsstücken und schwarzmetallenen Werkzeugen der Sado-Masochisten, einer sich selbst pervertierenden Form der Erotik, in der das Schwarz nur noch als »Tod der Liebe« (J. Fey) bezeichnet werden kann.

Vielleicht aber drückt sich auch hier nur der Grad der Übersättigung vom bunten Leben aus, der eine Grenze erreicht hat, von der aus man nicht mehr zurück kann und sich nur noch danach sehnt, endlich ins Bodenlose zu stürzen. Schwarz – die Farbe vom absoluten Anfang und vom absoluten Ende. Was dazwischenliegt heißt Leben.

Die Farbe Weiß

Nach dem vorangegangenen Kapitel wäre es nun leicht, alle dort beschriebenen Schwarz-Zustände in ihr Gegenteil – also in Weiß – umzukehren. Aber damit würden wir es uns doch zu einfach machen und dem Charakter dieser Farbe nicht gerecht werden. Denn Weiß ist mehr als nur die Summe des Lichts (wie der Physiker feststellt), mehr als »unbefleckte« Reinheit und Unschuld (wie es der Moralist bewertet) und mehr als »tabula rasa«, als »reiner Tisch« (wie es der Volksmund ausdrückt). Weiß ist der Anfang von aller Möglichkeit und zugleich die Flucht vor der daraus erwachsenden Konsequenz.
Was ist mit diesem scheinbaren Widerspruch gemeint? Ich möchte die Aussage anhand einiger Beispiele im Folgenden näher erläutern.

Wir hatten die Bibel zitiert: »Und Gott sprach: Es werde Licht!« Mit dem aufkommenden Licht wurde die Finsternis des Nichts erhellt, auf daß alles sichtbar werden konnte. Wenn man sich diesen Vorgang plastisch vorstellt und darüber nachdenkt, wird klar, daß Weiß tatsächlich das Gegenteil von Schwarz ist, vom Nichts, vom Nein, vom Chaos, das auf ordnende Gestaltung wartet – nämlich das Licht der Erleuchtung, die Farbe des absoluten Ja.

Aber es wird auch klar, daß dieses Ja nur ein anstrebbarer, vorübergehender Idealzustand sein kann, nichts von Dauer. Denn was zwischen Urgrund und Erleuchtung liegt, ja im Charakter des Lichts selbst enthalten ist, ist die Realität des Seins. Und die ist bunt. Wir wissen zwar, daß die Summe allen Lichts Weiß ergibt, aber wir nehmen die Brechungen des Prismas wahr und erkennen die Welt in ihrer unterschiedlichen Farbigkeit. Wir akzeptieren vielleicht, daß die Einheit alles Bestehenden in ihrer Gesamtheit Weiß ergibt, aber wir wollen sie nicht, weil uns die aufregende Buntheit der Welt in ihren Bann gezogen und gefangen hält.

Deshalb ist Weiß in der Tat für uns weniger eine »echte« Farbe, als vielmehr ein Zustand, den man auslegen kann. Wie wir Weiß interpretieren hängt davon ab, welches Verhältnis wir zum Leben haben.

Die Entscheidung darüber fällt nicht in der Neocortex, also in den neueren Teilen des Gehirns, sondern viel tiefer, im alten limbischen System (vergleiche dazu die Beschreibungen im Blau-Kapitel).

»Die Wahl unter unbunten Farben zeigt die affektive und psychomotorische Ausgangslage, den vegetativen Tonus und das psychoenergetische Niveau des Subjekts, wobei der Objektbezug fehlt oder diffus bleibt.« (Lüscher)

Das heißt, daß die grundlegende Entscheidung des Schwarz-Weiß-Urteils (mit allen möglichen grauen Nuancen dazwischen) in den tiefen Schichten des Gehirns erfolgt und alle weiteren, durch die Neocortex vorgenommenen Betrachtungen beeinflußt und färbt. Und es bedeutet ferner, daß hier bereits archetypische Symbolverbindungen geknüpft werden. Denn im limbischen System fällt auch die Entscheidung über Ja und Nein, über Standhalten oder Flüchten, die mit den Urfarben Weiß oder Schwarz gleichgesetzt wird.

Schwarz steht für Standhalten, Erstarrung, endgültige Verfestigung, also Nein zum Leben, das vom Charakter her beweglich und veränderlich ist. Das Wesen von Weiß macht das genaue Gegenteil aus – Auflösung und Flucht.

Ein Beispiel, das jedem das soeben Gesagte sofort verständlich macht: Da wird mitten im Kampf aus einem Haus eine weiße Fahne gehängt. Ein Symbol, das überall in der Welt verstanden wird – das Zeichen der Kapitulation. Man gibt auf, flieht der erstarrten, ausweglosen Situation, sagt Ja zu allem, was da kommt, aber in solch passiver Form, daß es einer Selbstauflösung gleichkommt.

Die Extremsituation deutet an, daß Entschei-

dungen solcher Konsequenz und Tragweite im normalen Alltag äußerst selten fallen. Sicher werden da beide Pole, Schwarz und Weiß, als Modefarben eingesetzt, etwa in der Kleidung oder im Möbeldesign. Eine britische Studie über die Farbwahl beim Autokauf stellte beispielsweise unlängst fest, daß Schwarz von Zeitgenossen »gesetzter Mentalität«, also älteren Menschen vorwiegend männlichen Geschlechts bevorzugt wird, die sich mit ihrem Prestigeobjekt Auto von der gewöhnlichen Buntheit abheben wollen. Weiß hingegen wird in der Untersuchung ausgeglichenen Autofahrern zugeordnet und signifikant eher von Frauen gewählt.
Im Farbtest unter wissenschaftlichen Bedingungen aber ist festzustellen, daß sich nur ein äußerst geringer Prozentsatz der Erwachsenen für Schwarz oder Weiß als Lieblingsfarbe entscheidet. Dieser Widerspruch zwischen eigentlicher Lieblingsfarbe und Zweckwahl läßt sich nur dadurch erklären, daß dem Objekt (hier also dem Auto) gesellschaftliche Attribute zugeordnet werden, die höher bewertet werden, als der eigenen (möglicherweise dadurch verdeckten) Emotion.
Noch deutlicher wird die Aussage des Schwarz-Weiß-Urteils, wenn sich jemand für die indirekte Kombination von Schwarz und Weiß entscheidet (im Farbtest sind dies höchstens 1,4 % der Erwachsenen). Nach Lüscher stehen diese Menschen häufig unter einer kaum verkraftbaren

psychischen Belastung, die einer krisenhaften Zuspitzung zutreibt. Neurotiker und Psychotiker wählen instinktiv die Schwarz-Weiß-Kombination, ebenso wie Kinder in der Pubertätskrise und während eines Krankenhaus- bzw. Heimaufenthalts.

Bevor wir nun näher auf solcherart alarmierende Zeichen und Situationen eingehen, etwas mehr über die geschichtliche und mythologische Bedeutung der Farbe Weiß:
»Alle Farben treten aus dem Weiß ihrer Heimat und ihrem Ursprung durch Teilung heraus. Je mehr sie sich vom Weiß entfernen, desto farbiger – je mehr sie sich dem Schwarz, dem Tod der Farben nähern, desto trüber und dunkler werden sie.« (Frieling)
Weiß also als Heimat des Lichts, das alles Sichtbare gebiert. Diese Vorstellung durchzieht die meisten Religionen der Welt. In ihnen wird stets der dunklen, weiblichen Urgottheit Erde das helle, lichte Prinzip eines männlichen Schöpfergottes entgegengestellt.
Im I Ging, dem »Buch der Wandlungen«, einem jahrtausendealten chinesischen Weisheitsbuch, heißen diese Kräfte »Kien« – das Schöpferische, der Himmel und »Kun« – das Empfangende, die Erde. Dieses einander bedingende und ergänzende Gegensatzpaar symbolisiert außerdem die Polarität zwischen Geist und Natur, Himmel und Erde, Zeit und Raum. Das zeichnerische

Sinnbild für ihr Wechselspiel wird durch das Symbol des Ying und Yang verkörpert.
Bleiben wir kurz in dieser Vorstellungswelt, denn sie macht verständlich, warum es beispielsweise zur Umkehrung der Begräbnisfarben und ihrer Farbsymbolik kam.
In einer zyklischen Religion, die an den ewigen Kreislauf des Seins und damit auch an die Wiedergeburt glaubt, ist Schwarz nur die Farbe des Endes, eines Endes, das aber nicht vorhanden ist und nur in der beschränkten Wahrnehmung der Menschen liegt.
Weiß hingegen drückt im asiatischen Bewußtsein die Auflösung des Körpers aus, ist also die »richtige« Farbe des leiblichen Todes, denn die Seele geht ja ins Nirwana ein, um von dort aus einen neuen Anfang in einer neuen Verkörperung zu finden.
Würden wir im Christentum, das auch wesentliche Elemente dieser Religion enthält, tatsächlich an die Wiederauferstehung und das ewige Leben glauben, so dürften wir bei Beerdigungen nicht in schwarzer, »endgültiger« Trauer erstarren, uns also lediglich auf den Niedergang des Körpers ausrichten, sondern müßten – wie die Asiaten – auch an den Fortbestand der Seele denken. Dies aber, die Loslösung der Seele vom Körper, würde Weiß erfordern, die Farbe der Loslösung und Befreiung.
Nebenbei bemerkt fand Weiß in unserem Kulturkreis früher tatsächlich als Trauerfarbe Ver-

wendung. Erst Ludwig XII. von Frankreich führte Schwarz allgemeingültig als Trauerkleidung ein.
In den meisten bekannten Religionen und Mythen hören wir von Lichtgottheiten, Lichtspendern und »weißen« Boten des Himmels, die den Menschen »Erleuchtung« bringen. Die Engel werden als weißgekleidete, fast durchsichtige Wesen dargestellt und natürlich auch alle Menschen, die sich Kraft eines geweiteten Bewußtseins von der irdischen Schwere befreit und dem reinen Geist Gottes angenähert haben. Die Vertreter des Guten, des biophilen Prinzips und der himmlischen Gerechtigkeit auf Erden werden als Lichtgeister, »weiße« Magier und »weise« Männer bezeichnet. Schon die Ähnlichkeit des Wortklangs »weist« auf den engen Zusammenhang zwischen weiß und weis hin. Insofern scheint »Weisheit« nichts anderes als das Vorhandensein lichthafter »Erleuchtung« zu sein.
Im germanisch-keltischen Mythenraum, in dem die Zahlen elf und zwölf höchstes Ansehen genossen, wurden die Lautbarungen elf, elb, alf und alb mit Weiß gleichgesetzt. Daraus resultiert die Weißzuordnung von Elfen ebenso wie Alb, Alban, Albarich (der Zwergenkönig), Elbe und Elferrat.
Auch die romanischen Sprachen kennen das Stammwort alb, das »Weiß« bedeutet. Es ist in den Begriffen Albino ebenso wie in Albanien, Albatros, Albigenser u.a. enthalten. Ein Album

(lat. das »Weiße«) war im alten Rom eine weiße Holztafel für Bekanntmachungen, bevor es in der Neuzeit zum Sammelbuch wurde.

Über den Teufel, den Luzifer des Alten Testaments, sprachen wir bereits im vorigen Kapitel. Als Widersacher Gottes und Verkörperung des Dunklen und Bösen wird er doch als ein notwendiger Bestandteil der Gesamtheit angesehen. Goethe beschreibt Mephisto im »Faust« so:

> »Ein Teil von jener Kraft,
> die stets das Böse will
> und stets das Gute schafft . . .
> Ich bin der Geist, der stets verneint.
> Und das mit Recht, denn alles, was besteht,
> ist wert daß es zugrunde geht.
> Drum besser wär's daß nichts entstünde.
> So ist denn alles was ihr Sünde,
> Zerstörung, kurz, das Böse nennt,
> mein eigentliches Element . . .
> Ich bin ein Teil des Teils,
> der anfangs alles war,
> ein Teil der Finsternis,
> die sich das Licht gebar . . .«

Nach der christlichen Mythologie war Luzifer der schönste aller Engel, die Gott geschaffen hatte: Luzifer der Lichtbringer. Aber er fiel von Gott ab und wurde auf die Erde (als Versucher) und in die Hölle (als Vernichter) verbannt. Damit ist er der verkörperte Widerstand des Flei-

sches gegen die Vergeistigung, und alle, die seinem Werben anheimfallen, befinden sich auf der Seite des »Schwarzen«, verehren die ewige Nacht.
Demgegenüber wäre der »weiße« Weg der Weg der Erkenntnis.
»Weiße Astrologie wäre als segensreich, lebensbejahend, nicht entmündigend, sondern als förderlich wirkend anzusehen.« (Xylander)

Als Abkehr vom bunten Leben und Treiben finden wir die Farben Weiß und Schwarz ständig in der Kleidung der Priester und Priesterinnen wieder, die dadurch die Aufgabe aller körperhaften Einschränkung zum Ausdruck bringen. In der katholischen Liturgie ist Weiß die Farbe der Heiligen, des Sakraments und der feierlichen Weihen. Seit Papst Pius V. auch die Farbe für Gottvater und Christus, der das »Licht der Welt« genannt wird.
Auch das Ritual der Olympiafeiern gibt noch Zeugnis von altem, klassischem Denken ab: weißgekleidete Sportler und Sportlerinnen (früher tatsächlich Priesterinnen) tragen die olympische Fackel durch die »dunkle« Welt und entzünden im Stadion das Licht der Aussöhnung und Auflösung aller, auch der kriegerischen Konflikte. Das Gegenteil des Lebens, den Tod, stellten sich die Griechen als jüngeren Bruder des Schlafes vor oder als Genius mit gesenkter Fackel.

Als weiteres Beispiel für die Plastizität und innewohnende Kraft unserer farbigen Symbolsprache mag die Eheschließung gelten: Der Bräutigam trägt Schwarz und drückt damit, getreu dem vorherrschenden Rollenverhalten, aus, daß er eine feste, endgültige Entscheidung getroffen hat (»bis daß der Tod euch scheide«). Die Braut hingegen signalisiert mit dem Weiß ihrer Kleidung, daß sie in Unschuld und Reinheit alles, was vorher war aufgibt und sich ohne Widerstand in die ihr von nun an vorgeschriebene Rolle fügt.

Hier kommt nun ein weiterer Aspekt der Farbe Weiß ins Spiel: der Bedeutungsinhalt von Unschuld, Reinheit und Freiheit von Makel. Dies beginnt bei der »unbefleckten Geburt« der Jungfrau Maria und reicht bis zu den sogenannten »weißen Westen« von Politikern, die mit dieser Bildersprache sauberen Umgang mit der Macht beteuern wollen.
Sauberkeit feiert im Bewußtsein des den hochtechnologisierten Industrienationen angehörenden Menschen gegenwärtig wahre Triumphe. Der Waschmittelslogan vom »weißesten Weiß meines Lebens« steht stellvertretend für eine Geisteshaltung, die von regelrecht manischem Säuberungswahn besessen ist und der Bevölkerung der sogenannten dritten und vierten Welt unverständlich erscheint – ganz abgesehen davon, daß die Menschen dort wirklich andere Probleme haben als strahlend weiße Wäsche.

In dieser Hinsicht ist von Psychologen und Therapeuten oft genug auf den Zusammenhang zwischen Waschzwang, übertriebener Sauberkeit und emotionaler Sterilität, die psychische Schädigungen signalisiert, hingewiesen worden.
In der Konsumgüterwerbung wird der offensichtlich vorhandene Hang zu Reinlichkeit und perfekter Sauberkeit in der Bevölkerung aufgegriffen und geschickt vermarktet. Dabei verstärkt ein helles, klares Blau in der Nachbarschaft zum strahlenden Weiß den Charakter der erfrischenden, antiseptischen Wirkung.
Weiß als reiner, unberührter Zustand wird auch sinnbildlich für Wahrheit und nichts als die reine Wahrheit angenommen, wie ja auch früher die »Weissagung« (Weisung) eine Art Wahrsagung gewesen sein soll.

Favre und November weisen noch auf andere Aspekte von Weiß hin: »Weiß suggeriert Reinheit, das Unerreichbare, das Unnahbare und das Unerklärbare. Durch das Fehlen einer besonderen Eigenschaft schafft es den Eindruck von Leere und Unendlichkeit. Weiß hat auf unsere Seele die Wirkung absoluten Schweigens, aber eines Schweigens voller lebendiger Möglichkeiten.«
Ein Schweigen voller lebendiger Möglichkeiten. Dabei fällt uns wieder die anfangs erwähnte weiße Fahne ein, die ja auch die Waffen schweigen läßt und den Beginn lebendiger Möglichkei-

ten darstellt. Wenn Weiß also physiologisch wie »Auflösung« wirkt, so wird damit auch sogleich die psychologische Komponente bedingt, nämlich die Chance zu Freiheit, wobei Freiheit sowohl als »frei sein von«, als auch als »frei sein für« verstanden werden kann.

Freiheit ist Bindungslosigkeit. Lüscher sagt dazu: »Wer im Test auf der Tafel der unbunten Farben Weiß bevorzugt, der benötigt eine entlastende Befreiung von widrigen Umständen.« Weiß ist für ihn der Grenzort des Anfangs und die Bejahung.

Dieser Grenzort kann, wir sagten es schon, ebenso angenehm wie bedrohlich sein. Oft wird Weiß, gerade wegen seines absoluten Mangels an emotionaler Lebendigkeit als kalt und abweisend betrachtet. Der Volksmund zum Beispiel bezeichnet eine geschlossene Schneedecke als »Leichentuch«, das der Winter über die Lande gelegt hat. Dennoch wissen wir, daß gerade dieses Leichentuch die darunter befindliche Erde schützt und konserviert und so die Voraussetzung schafft, daß aus ihr bei zunehmender Erwärmung neues Leben sprießen kann.

Ein weißes, unberührtes Stück Papier oder Leinwand stellt für den Künstler eine große Herausforderung dar, denn noch ist, am Beginn des Schaffens, alles möglich. Ein einziger falscher Punkt oder Strich aber kann alles in Frage stellen.

»White noise«, der künstlich erzeugbare Zu-

stand absoluter Ruhe inmitten von Geräuschen, kann wegen seiner plötzlich auftretenden Andersartigkeit ebenso schockieren wie beruhigen, erholsam oder anregend auf die Selbstentfaltung wirken.
Und es kommt natürlich auf die Umgebung an, in der Weiß vorhanden ist. Eine weiße Krankenhauswand wirkt steril und wenig anheimelnd, die weiß gekalkten Wände südlicher Häuser im Urlaub dagegen eher lebhaft und freundlich.

Zu guter Letzt noch ein Wort zu jenem harten, zum härtesten Kontrast überhaupt – zur Kombination von Schwarz und Weiß. Das Zusammentreffen dieser beiden Farben bzw. Helligkeitswerte erzeugt eine Spannung, die uns gefangennimmt, weil sich das Zwingende des Schwarz mit der Freiheit des Weiß paart. Wir leben immer in dieser Spannung, wir sind sie gewohnt. Diese Seite, die Sie gerade lesen, beweist es, hier haben Sie es «schwarz auf weiß« – nämlich die häufigste Form schriftlicher Kommunikation, die zwar nicht eine optimale Lesbarkeit garantiert (siehe dazu die Tabelle »Lesbarkeit farbiger Schrift« im Kapitel »Weitere Untersuchungen über Farben«), dafür aber das weltweit gelernte »normale« Erscheinungsbild darstellt und von daher Authentizität verkörpert.
Wie Goethe schon schrieb: ». . . denn was man Schwarz auf Weiß besitzt, kann man getrost nach Hause tragen.«

Die Farbe Grau

Die meisten Tiere sind in der Möglichkeit, Farben wahrzunehmen, eingeschränkt, wenn nicht gar teilweise oder völlig farbenblind, vermögen aber im Graubereich zwischen den Kontrasten Schwarz und Weiß weitaus mehr Unterscheidungen zu treffen, als der Mensch. Wenn wir beispielsweise an Katzen denken und ihr großartiges Sehvermögen auch und gerade in der Dunkelheit, wird klar, was gemeint ist. Nachts sind uns Katzen überlegen. Dafür sind für uns »nachts alle Katzen grau«. Das soll heißen, beim Menschen sind die Hell-Dunkel unterscheidenden Stäbchen im Auge nicht sonderlich gut ausgeprägt. Der Mensch ist ein sehr stark farborientiertes Wesen.

Und dennoch steht die Schwarz-Weiß-Malerei ganz am Anfang seiner Evolution und wird von alten Bereichen seines Gehirns bewerkstelligt. Ein Säugling beginnt zu sehen, indem er zuerst starke Kontraste unterscheidet: Licht und Finsternis. Nach und nach kommt die Wahrneh-

mung von Bewegung hinzu, schließlich von Formen und Gestalten. Erst am Ende dieser Entwicklung steht dann das Erkennen von Farben, d.h. das Umsetzen deren spezifischer Reize und daraus resultierender physiologischer und psychologischer Reaktionen.
Mit Schwarz, Weiß und Grautönen beginnt also das Sehen.
Becher konnte (1953) nachweisen, daß ein vegetatives Nervengeflecht vom Kernbereich der Netzhaut des Auges unmittelbar zum Mittelhirn und zur Hypophyse führt und auf diese Weise hormonelle Steuerung bewirkt. Die Aufgabe der Hypophyse, einer Drüse im Zentrum des Gehirns, ist es, die innere Sekretion zu regulieren, d.h. lebenswichtige Hormone in den Blutkreislauf abzusondern, mit denen wiederum andere Drüsen kontrolliert werden, die beispielsweise das Wachstum regulieren.
Was nun Farben anbelangt, so findet das Erkennen, Unterscheiden und darauf Reagieren weitgehend in anderen, neueren Bereichen des Gehirns statt (in der Hirnrinde/Neocortex).
Die Wirkungen auf die Hauptnervenstränge Vagus und Sympathikus und die wenigen Ausnahmen (die enger als andere Farben mit dem limbischen System in Verbindung stehen), wurden in den vorangegangenen Kapiteln beschrieben.
Was Grau anbelangt, so bedeutet dies, daß diese »unbunte« Farbe den Ureindrücken Schwarz und Weiß zuzurechnen ist. Aber Grau ist nicht

wie diese auf klar definierbare Polaritäten festzulegen, Grau bewegt sich vielmehr neutral, emotionslos und leer zwischen ihnen.
»Grau ist weder farbig noch hell, noch dunkel. Es ist vollkommen erregungslos und frei von jeder psychischen Tendenz. Grau ist als Neutralität keines von beiden, weder Subjekt noch Objekt, weder innen noch außen, weder Spannung noch Lösung. Grau ist kein belebtes Territorium, sondern Grenze schlechthin; die Grenze als Niemandsland, die Grenze als Kontur, als Trennungsstrich, als abstrakte Teilung, um Gegensätze zu gliedern, »grau ist alle Theorie« als Abstraktion.« (Lüscher)

Die Etymologie (Sprachwurzelforschung) nennt Grau ein altes indogermanisches Wort (grao, gra, gray) und ordnet es seiner Sinngebung nach den Begriffen »schimmernd« und »glänzend« zu, wobei offenbar nicht auf den Farbton, sondern mehr auf die Beschaffenheit abgezielt wurde (Silber).

In der Symbolik ist grau ambivalent: Grau entzieht sich allem und bleibt schemenhafter Schatten, Trug, Gespenst, blutleer und freudlos. Grau verkörpert die Ur-Ruhe und bildet den axialen Gegenpol zu Purpur, der Urbewegung. Grau ist eine bipolare, zwischen Licht und Finsternis vermittelnde Farbe. Der graue Alltag verläuft ohne Höhen und Tiefen. Grau kann kaschieren, ruhigstellen und Vitales verdrängen. Mit Grau verbin-

den sich die Vorstellungen von hohem Lebensalter und längst Vergangenem, wie z.B. der »grauen Vorzeit«. Grau ist die Sorge, das Elend, die Farbe der Nibelungen, deren Lied in der Götterdämmerung endet. Der graue Fährmann Charon geleitet in der griechischen Mythologie die Seelen über den schwarzen Acheron in das Reich der Schatten (nach Frieling).
Viele Hochkulturen wie zum Beispiel das alte Ägypten oder China kannten Grau als Symbolfarbe nicht.

In der Astrologie wird Grau dem Saturn und den Metallen Blei (stumpfes Grau) und Silber (glänzendes Grau) zugeordnet. Der Volksmund hat sich eine Reihe von Grau-Begriffen reserviert, um damit nebulöse Dinge zu bezeichnen: Die »graue Eminenz« ist ein einflußreicher Politiker, der unerkannt im Hintergrund bleibt, die »Grauzone« ein Bereich, über den es keine Klarheit gibt. Ebenso die »grauen Märkte«, die unkontrolliert ohne Zwischenhandel stattfinden. Mit »grauer Star« wird die Trübung der Augenlinse bezeichnet, die zu einer beträchtlichen Verminderung der Sehkraft führt. Das »Morgengrauen« bezeichnet die diffuse Dämmerzone zwischen Nachtdunkel und aufkommendem Tageslicht. Die »grauen Wölfe« sind eine geheimbundartig auftretende, türkische Terrororganisation. Als Wortneuschöpfung der letzten Zeit kennen wir die »grauen Panther«, einen Zusammenschluß

von alten Menschen, die aktiv, aber gewaltfrei für ihre Interessen eintreten.
Wir sprechen vom »grauen Alltag«, wollen keine »graue Maus« sein, und machmal denken wir mit »Grausen« an Morgen, es »graut« uns vor ödem Einerlei, wir finden manches »grauenhaft«, »Grauen« überkommt uns bei unangenehmen Eindrücken und nur wenige schaffen es, »in Ehren zu ergrauen«.
Grau hat demnach auch etwas mit Altwerden, Verblassen und Absterben zu tun. Eine Farbe also, die bewußt eingesetzt, nützlich im Sinne von Tarnung sein kann, überwiegend aber negative Aspekte besitzt. Wer Grau mag, will sich nicht zu erkennen geben, er zieht sich wie im Märchen die nebelgraue Tarnkappe über seine Person und macht sich unsichtbar, will sich abschirmen und keinesfalls »Farbe bekennen«.
Aus Tests weiß man, daß Grau häufig bei starker Ermüdung oder in Situationen, in denen man erregungsfrei bleiben will, eingesetzt wird. Bei Examenssituationen wird Grau ebenfalls gern vorgeschoben, um die dahinter verborgene Anspannung nicht zu erkennen zu geben (nach Lüscher).
In Personalausleseverfahren, bei denen Farbentests eingesetzt wurden, wählten auffällig viele junge Männer plötzlich die Farbe Grau (26,6 % statt normal ca. 5 %, nach Bokslag).
Kinder lehnen, wie sich immer wieder feststellen läßt, Grau weitgehend ab. In der Zeit vor der

Pubertät läßt die Ablehnung dann etwas nach und wird nach dem siebzehnten Lebensjahr wieder stärker, besonders beim weiblichen Geschlecht. Männer geben Grau eine stärkere Bevorzugung, wahrscheinlich auch deswegen, weil ein grauer Anzug im konkurrenzgefährdeten Berufsalltag relativ unauffällig wirkt und daher gegen die Personen des Trägers wenig Angriffsmöglichkeiten bietet.

Zumeist wird Grau aber wegen seines Mangels an Energie und Ausstrahlung als matt und langweilig abgelehnt. Für diese Menschen bedeutet Grau auch Furcht allgemein, speziell die Furcht vor dem Altwerden und die Nähe des Todes. Dieser Wesenszug des Graus nimmt zu, je dunkler es wird und assoziiert dann mit Monotonie, Depression und hoffnungsloser Verzweiflung.

Ein Hellgrau wirkt nämlich im Vergleich noch relativ leicht, Dunkelgrau dagegen schwer, voll und ruhig. Außerdem ist Dunkelgrau die Farbe des Schmutzes. Man kann sagen, daß es sich bei Hellgrau um eine »leichte Tarnung« handelt: die Bereitschaft, auf Reize einzugehen und intensiv zu reagieren ist latent vorhanden, wird aber zurückgehalten, weil solche Reaktionen momentan nicht angemessen erscheinen.

Bei Dunkelgrau ist die gleiche Bereitschaft erheblich stärker gedämpft und gebremst, weil sich dahinter ein äußerst sensibler Charakter verbirgt, der sich nach einem sicheren, harmonischen Gefühlszustand sehnt und auf keinen Fall

durch zu heftige Reaktionen aus dem Gleichgewicht geworfen werden möchte.
Die Ablehnung beider Farbtöne offenbart Stauungszustände und kann seelische Schäden anzeigen: besonders beim dunklen Grau leidet der Betreffende an seiner eigenen Empfindsamkeit und lehnt aus diesem verletzten Zustand heraus jegliche emotionale Bindung ab.
»Durch statistische Analyse ist bestätigt worden, daß die bunten Farbwahlen gegenüber den Grau-Wahlen aus verschiedenartigen Persönlichkeitsbereichen erfolgen, da sie nicht miteinander korrelieren. Helligkeit als Erregungsreiz und Dunkelheit als Beruhigung stehen möglicherweise mit der Steuerung des Wachzentrums der Formatio reticularis des Hirnstammes in besonders nahem Zusammenhang, so daß die Hell-Dunkel-Wahlen dessen Tonuslage und damit das psychoenergetische Niveau charakterisieren.« (Lüscher)
Damit würde die Bevorzugung oder Ablehnung eines speziellen Grauwertes also deutlich Auskunft über die psychische Reizlage geben. Aber nicht nur das. Nach Lüscher zeigt Grau im Farbentest stets die Grenzlinie zwischen »zugelassener« und unterdrückter Emotionalität an.

Die Welt wird durch die Grauzone einerseits in einen kompensatorisch überschätzten, übersteigerten Bereich, andererseits in den gesamten Rest der dem Grau folgenden abgewerteten oder

aus Angst verdrängten Bereich der Lebensmöglichkeiten aufgeteilt. Er sagt, das dabei zutage tretende Mißverhältnis zwischen bejahten Farben und den sorgfältig unterdrückten ist so spannungsvoll, daß sich hinter ihm mit Sicherheit ein schwerwiegender Konflikt verbirgt.
Im Lichte der Farbpsychologie hält also die »Tarnkappe« Grau nicht mehr stand, der Grauschleier wird porös und enthüllt die dahinter befindliche Seelenlage.

Die Farbe Silber

Wie Gold die gesteigerte Erscheinungsform von Gelb ist, so ist auch Silber keine eigenständige Farbe, sondern die glänzende Ausprägung eines leicht gräulichen Weiß.

Als Edelmetall wird es kristallisierend, glänzend weiß, härter als Gold, dehnbar und sehr polierfähig bezeichnet.

Schon seit dem frühesten Altertum taucht Silber stets als die Schwester des Goldes auf und wird mit ihm in einem Atemzug genannt. Wie Gold galt es als wertvoll und wurde gern als Schmuck, als Zahlungsmittel und Symbolfarbe benutzt.

Wenn Gold die strahlende, männliche Farbe der Sonne und ihrer segensbringenden Wirkung auf Erden war, so ordnete man den kühlen, kalten Glanz des Silbers dem weiblichen Prinzip des Mondes und seines zyklischen Einflusses auf das Leben zu.

Auch die menschlichen Organe waren in der Antike einzelnen Gestirnen zugeordnet, so die Milz dem Saturn, die Lungen dem Merkur, die Galle

dem Mars, die Nieren der Venus und die Leber dem Jupiter. Das Organ der goldenen Sonne aber war das Herz und das des silbernen Mondes das Gehirn. Dazu muß gesagt werden, daß das Gehirn nicht als Zentrale der Nervenbahnen angesehen wurde, sondern vielmehr als Ort der Assoziationen und Gleichungen, als Hort vergangener Eindrücke und deren Umwandlung in seelische Bilder und Emotionen. Als solches unterlag es viel stärker als das »denkende, handelnde Herz« der Sonne dem Einfluß des Mondes und seinen zyklischen Schwankungen.
Silber war also – neben Blau, Grün und in gewisser Weise auch Schwarz – eine Symbolfarbe des Matriarchats.

Die Bedeutung des Wortes Silber, das aus dem Germanischen stammt, ist immer noch ungeklärt.
Wir wissen lediglich, daß die Verwendung von Silber bereits in den frühesten Hochkulturen bekannt war. So war Silber im 3. Jahrtausend v. Chr. in Mesopotamien wesentlich wertvoller und begehrter als Gold. Aus der Zeit Hammurabis stammen die ältesten Funde von Silbermünzen. Die Hethiter besaßen bereits Silberminen und gewannen Silber aus Bleierz. Phönizische Kaufleute brachten Silber aus Spanien nach Ägypten. Dort kannte man kein reines Silber, wohl aber das Elktron, eine natürliche Verbindung von Gold und Silber. Das importierte phö-

nizische Silber wurde »das Weiße« genannt und galt als eine besondere Art des Goldes.
Die Griechen gewannen das Silber in Attika und nannten es agyron – »licht«, »glänzend«. Von diesem Wort leitet sich das spätere römische argentum ab.
Tacitus berichtet um 100 n.Chr., daß auch die Germanen den Silberbergbau kannten und in der Nähe von Wiesbaden und Ems Hütten betrieben.
Die Blütezeit des deutschen Silberbergbaus lag im 16. Jahrhundert (z.B. Joachimsthal, nach dem die Bezeichnung Thaler für ein silbernes Geldstück abgeleitet wurde). Silberfunde größeren Umfangs wurden auch in Nord-, Mittel- und Südamerika und in Australien gemacht.
Nach der Überbewertung des Goldes in der Antike wurde Silber nach und nach Platz zwei der allgemein anerkannten Rangliste zugewiesen: Goldene und silberne Hochzeit, Gold-, Silber- und Bronzemedaillen, usw. Möglicherweise hat auch dies etwas mit der Verdrängung des Matriarchats durch das Patriarchat zu tun. Es ist jedenfalls bei ganz verschiedenen Völkern festzustellen, daß in den ältesten Schriften die Aufzählung noch »Silber und Gold« lautete, während die jüngeren Aufzeichnungen die Reihenfolge in »Gold und Silber« umkehren – bis hin zu jenem Volkslied, das da lautet: »Gold und Silber hab ich gern . . .«
Die Farbpsychologie wertet Silber (wie auch

Gold) nicht als eigenständige Farbe, sie kommt weder in Tests vor, noch wird sonderlich auf ihre Anmutungsqualität geachtet. Dabei läßt sich gerne über die in Werbung, Design und Schmuckmode oft verwendete Farbe einiges sagen.

Was Silber mit Gold verbindet, ist seine Tendenz zu glänzen, also aufmerksamkeitsstark hervorzutreten. Doch ist Silber nicht wie Gold so deutlich auf übergreifende Wärme, Herzlichkeit und den Wunsch zu gefallen ausgerichtet. Silber ist wesentlich kühler, introvertierter und rationaler. Im Gegensatz zu Gold betreibt Silber gezieltes Understatement, beherrschte Zurücknahme, Zurücknahme auch der offenkundigen, nach außen gerichteten Emotionalität.

Produkte und Verpackungen, die Silber enthalten, treten auch als qualitativ, edel und kostbar auf, doch geschieht dies ruhiger und stiller, so als wollten sie lieber entdeckt und erobert werden, als sich lautstark veräußern. Eine vornehme Kälte scheint uns anzuhauchen, eine Eleganz, die in der Kombination zu Schwarz ihre wohl charaktervollste Ausprägung erlangt.

Im Großen und Ganzen aber spiegelt sich im bewußten Einsatz von Gold und Silber die Rangfolge der gesellschaftlichen Wertvorstellungen wider, ein Abweichen davon kann daher nicht ohne Konsequenzen bleiben.

Kaleidoskop der Farben

Kann man Farben riechen, schmecken, fühlen?

Kürzlich gingen wieder einmal Berichte durch die Presse mit sinngemäß folgendem Tenor: »Blinde können Farben sehen!« Gemeint waren Tests, die schon des öfteren in der Blindenforschung durchgeführt wurden und zum Teil erstaunliche Resultate aufwiesen. Danach verfügen viele Blinde über eine gesteigerte Sensibilität, die es ihnen ermöglicht, den spezifischen Charakter verschiedener Farben mit den Fingerspitzen zu ertasten.

Nun ist es ja nicht neu, daß sich das Farbspektrum in sogenannte »kalte« und »warme« Farben aufteilen läßt. Schon Goethe halbierte seinen Farbkreis in zwei gegensätzlich temperierte Zonen. Gelb, Orange und Rot ordnete er der warmen, Blau, Türkis und Violett der kalten Zone zu; Grün nimmt dabei einen neutralen Mittelwert ein. Die antroposophische Schule Rudolf Steiners, die sich im wesentlichen auf Goethes Farbenlehre beruft, weiß um diese Qualitätsmerkmale und setzt sie in bestimmten Therapieformen ein.

Den getesteten Blinden gelang es qua fortschreitendem Differenzierungsversuch (also mit dem starken Gegensatz Rot - Blau beginnend bis in die Mischfarben hinein), die von Goethe präzise beschriebenen Temperaturunterschiede einzelner Farben zu erspüren. Dies ist um so erstaunlicher, als es sich bei den Testfarben ja nun nicht um physikalisch überprüfbare Wellen unterschiedlicher Länge handelt, sondern um Körperfarben, also gemalte oder gedruckte Pigmente, wie sie bei jedem Gemälde oder Illustriertenfoto vorkommen.
Der Ehrlichkeit halber muß ich gestehen, daß mir solcherart verblüffende Feinfühligkeit nur äußerst schwer nachvollziehbar erscheint. Mir sind aber persönlich einige Fälle bekannt, in denen Sehende bei geschlossenen und verbundenen Augen eine große Treffsicherheit (die signifikant über den Prozentsätzen von Zufallsergebnissen lag) in der Ertastung von warmen und kalten Farben aufwiesen. Desweiteren kenne ich einen erfolgreichen Maler, von dem niemand ahnt, daß er farbenblind ist, der sein fehlendes Unterscheidungsvermögen bei bestimmten Farbnuancen durch das Ertasten derselben wettmacht.
Das Phänomen, das die Grundlage für solcherart »indirektes Sehnen« bildet, ist noch nicht ausreichend erforscht. Es ist anzunehmen, daß es sich dabei um die hypersensibel wirkende Reaktion eines anderen, ersatzweise wach werdenden Sinnes handelt. Daß es bei der Farbwahrneh-

mung auch im normalen Fall immer zu einem Zusammenwirken mehrerer Sinne kommt, ist hingegen bekannt und wissenschaftlich erwiesen. Wir befinden uns hierbei im Bereich der »Synästhesien«. Synästhesien (griech. »Mitempfinden«) sind – wie der Name verrät – Parallelwahrnehmungen durch mehrere beteiligte Sinne, wobei sich die Gelehrten immer noch uneinig sind, ob es sich um sukzessive (nacheinander erfolgende) oder simultane (gleichzeitige) Ereignisse handelt.

Als hauptsächliche Unterscheidungsmerkmale werden dabei die Phonismen und die Photismen genannt. Bei Phonismen löst ein primäres optisches Signal gleichzeitig oder zumindest unmittelbar darauf folgend einen sekundären akustischen Reiz aus (z.B. in Form eines laut gedachten Begriffes). Wir sprechen hier in Bezug auf Farben vom »Farbenhören«.

Bei Photismen (auch Synopsien genannt) ist die Reihenfolge umgekehrt: Ein akustisches Signal (z.B. ein unerwartetes Geräusch oder ein gesprochenes Wort) hat einen visuellen Reiz (z.B. ein plötzlich im Kopf auftauchendes Bild) zur Folge. Auch Vokale, Monate, Namen können mit Farberlebnissen verbunden auftreten.

Ich halte diese Einteilung für ziemlich grob und unbefriedigend, denn tatsächlich gibt es ja nun nicht bloß diese beiden Ebenen von Sinneswahrnehmung (Sehen und Hören), sondern mindestens drei weitere (Fühlen, Riechen, Schmecken) nebst ihren vielfältigen Kombinationsmöglichkeiten. Hier spiegelt sich eindeutig der Zeitgeist wider, den »modernen« Menschen auf die beiden äußeren, distanzschaffenden Sinnesorgane Auge und Ohr zu reduzieren, während die wesentlich intimeren Empfindungen des Tastsinns, des Geruchs und des Geschmacks als nicht mehr unbedingt lebensnotwendig, zumindest aber als unwert einer gründlicheren, wissenschaftlichen Untersuchung betrachtet werden. Ich drücke mich an dieser Stelle mit Absicht so überspitzt aus, um die Betrachtung einmal auf die Hintergründe dieser Entwicklung zu lenken.

Der Mensch, der in der Urzeit sehr wohl auf das richtige Funktionieren aller Sinne angewiesen war, der sich auf der Suche nach Nahrung »durch die Natur schmeckte«, der wesentliche, lebenserhaltende Informationen durch den Geruch aufnahm und mit Sicherheit einen ausgeprägteren Tastsinn aufwies, ist heute zum ausgesprochenen »Seh- und Hör-Tier« geworden. Unser Geruchssinn wirkt nur noch begrenzt – Parfümhersteller ebenso wie Drogisten und andere Spezialberufe wissen davon ein Lied zu singen. Der Geschmack ist eingeschränkt – daraus resultieren hochbezahlte Experten wie Wein-, Tee- und Kaffeekoster; jeder Gourmet weiß, daß auch die genormte, phantasielose Nahrungszusammenstellung unserer Tage schuld am Verlust der Geschmacksvielfalt ist. Ebenso tötet auch der übermäßige Zigarettenkonsum die Geschmacksner-

ven ab. Jeder, der das Rauchen aufgibt, ist erstaunt, daß er nach einer gewissen Zeit plötzlich wieder feststellt, wie unterschiedlich und intensiv Nahrungsmittel schmecken. Das Tasten, besser: die Feinfühligkeit, geht durch die fortschreitende Verlagerung manueller Arbeit zugunsten maschinellen Knöpfchendrückens mehr und mehr verloren – bei einem Testversuch in einer Gymnasialklasse gelang es bis auf zwei Ausnahmen z.B. keinem der Jugendlichen mehr, eine Marmorplatte von Kunststoff, polierten Steinen und lackiertem Holz zu unterscheiden.
Es darf daher nicht verwundern, daß neuerdings in Therapieformen sogenannte »Sinnesschulen« ins Leben gerufen werden, daß Aktionskünstler mit spektakulärer Resonanz »Tastbilder« ausstellen und daß Verhaltensforscher ungläubiges Kopfschütteln ernten, wenn sie nachweisen, daß das massenpsychologische Problem von Panik nicht etwa auf optisch-akustische Signale, sondern vorrangig auf kaum wahrnehmbare Geruchsphänomene zurückzuführen ist – um nur einige Beispiele zu nennen.
Ähnlich gelagert ist heute die Hierarchie des Lernens:
Wir nehmen zwar mit allen Sinnesorganen die Erscheinungen der Umwelt auf, wir hören den Donner, sehen den Blitz, riechen die Blumen, schmecken die Früchte und fühlen die Gegenstände – die Wertskala des Lernens weist aber folgende Prozentsätze aus:

Wir lernen

durch optische Informationen	zu	83,0%,
durch akustische	zu	11,0%,
durch Riechen nur noch	zu	3,5%,
durch Tasten	zu	1,5%,
und durch Schmecken lediglich	zu	1,0%.

Daraus leitet sich die heute gängige Praxis ab, Lehrinhalte möglichst nur noch in optisch-akustischer Kombination – also audio-visuell – zu präsentieren, um möglichst optimale Lernresultate zu erzielen. Gerade dem Kreativen, dem schöpferisch tätigen Menschen, sollte es daher eine Aufgabe sein, in der Kommunikation nicht nur den eingefahrenen audio-visuellen Einwegkanälen zu folgen und ausgetretene Wege zu zementieren, sondern sich intensiv den übrigen Sinneswahrnehmungen zu widmen.

Doch zurück zum Ausgangspunkt unserer Betrachtung: Schon früh hat sich der Mensch mit den geheimnisvollen Synästhesien auseinandergesetzt. Es mangelt daher auch nicht an Interpretationen und Versuchen, Gesetzmäßigkeiten in ihrer Wirkung nachzuspüren.

Wir kennen zum Beispiel – um beim Thema Farbe zu bleiben – aus dem späten Mittelalter Bemühungen, den Klang der Sprache mit dem Charakter von Farben in Verbindung zu bringen. Nicht von ungefähr spricht der Volksmund von der »Färbung der Sprache«, von »Farbklängen« und »Farbtönen«. Musik und Sprache – also akustische Bereiche – wurden aufs engste wesensverwandt mit der optischen Welt der Malerei gesehen. In der Literatur wurde die Wiedergabe von und freie Assoziation zu Synästhesien zur Stileigentümlichkeit der Romantik, des Symbolismus und des Impressionismus und hat dort die schönsten Ausdrucksmöglichkeiten gefunden (vergleiche hierzu das Kapitel Blau).

Die Geschichtsschreibung erwähnt die Entwicklung eines sogenannten »Farbenklaviers«, das 1723 zuerst von L. B. Castel eingesetzt wurde und später immer wieder musikalische Geister in ihrem Wirken beflügelte. Die »Farblichtmusik«, »Farbenmusik« bzw. »Farbe-Ton-Kunst« war ein ästhetisches Zukunftsprogramm aus dem Zeitalter des Hoch- und Spätbarocks. Besonders in der »romantischen Programm-Musik« (Liszt, Mussorgski, Reger u. a.) wurde dieser Gedanke verwirklicht, indem versucht wurde, Gemälde zu vertonen. Die gleiche Intention finden wir auch im Trickfilm (z.B. bei Walt Disneys »Fantasia«, bei O. Fischinger u. a.) und gelegentlich sogar im Spielfim (um mit Werner Herzog nur einen Vertreter der Richtung zu nennen).

Skrjabins Farbenklavier greift (1913) die Idee L. B. Castels wieder auf in der symphonischen Dichtung »Prometheus«, indem es das Klangbild durch zusätzliche Lichtwirkung unterstützt. Auch die »Light-Shows« der Underground- und Psychedelic-Musik erfüllten die gleiche Funktion, indem sie darauf angelegt waren, die Konzerte zu »Totalerlebnissen« werden zu lassen. Ähnliches wird heute mit Synthesizern erzeugt, die ihre Klangwelt mittels an die Tontasten gekoppelter Laserprojektionen in Farberscheinungen umsetzen und den Konzertbesucher mit optisch-akustischen Simultanbotschaften überfluten.

Es hat auch Versuche gegeben, die Sprache selbst in Farbempfindungen umzusetzen. Dabei wurde jedem Vokal eine spezifische Farbigkeit zugeordnet, die dem Entstehungsort und der Tiefe im menschlichen Resonanzkörper entsprach – etwa dem dunklen U-Laut das ebenfalls dunkle Blau, dem O ein noch dunkleres Braun, dem A ein leuchtendes, kräftiges Gelb, dem I das Rot und dem E ein helles Grün in dunklem Umfeld, bzw. je nach Betonung, ein lichtes Gelbocker.

Der Gestalter kann, sofern er sensibel genug ist und um dieses archaische Farbalphabet weiß, Lautsprache farbig umsetzen, grafisch synchronisieren und auf diese Weise verdichtete Bedeutungsinhalte schaffen.

Die »Lautmalerei« bietet dem Übenden interessante Erfahrungsmöglichkeiten. Wagen Sie beispielsweise einmal den Versuch, so abstrakte Begriffe wie »Mulumum«, »Zibirr« und »Batata« in Farben umzusetzen. Lassen Sie die Magie der ungewohnten Lautgebilde meditativ auf sich wirken, während Sie nacheinander einzelne Farbtuben prüfend in die Hand nehmen und erste Pinselstriche nebeneinandersetzen. Sie werden fest-

stellen, daß zur Umsetzung der Begriffe nur bestimmte Farben in Frage kommen, andere von vornherein ausscheiden. Nebenbei gesagt finden sich auch bestimmte Formen, die sich beim Malen regelrecht wie von selbst ergeben, ebenso wie die Malbewegung ihre Rhythmik ändert. Bestimmte Laute zwingen zu einer agressiven, gehetzten Pinselführung, andere finden zu abgerundeten Wellenbewegungen, lassen sich nur tupfen oder fordern zu großflächiger Bearbeitung heraus. Aber probieren Sie den Versuch selbst aus, ohne lange dabei nachzudenken. Aufsteigende gedankliche Assoziationen lenken nur ab und die eigentliche schöpferische Tätigkeit in möglicherweise unerwünschte symbolhafte Verknüpfungen, die dem freien Fluß des eigenen Gefühls störend im Wege stehen.
Auch das Malen zu Musik stellt eine hervorragende Möglichkeit dar, frei zu arbeiten und synchrone Verbindungen zwischen Akustik, Farbe, Form und Bewegung zu schaffen. Dabei gilt ebenso: der meditative, vom Intellekt unbeeinflußte Weg, führt eher in die Bereiche archaischer Farbensprache tief im Innern des Menschen.
Jeder sichere Designer weiß, wie wichtig eine solche unterschwellige Übereinstimmung verschiedener Sinneseindrücke ist. Gleich ob es sich dabei um das Erscheinungsbild einer Firma, die Gestaltung einer Verpackung oder das unterstützende Mitschwingen bestimmter Farben in

einer Werbekampagne handelt – der gute Designer »fühlt« – besonders wenn es um keine individuelle, ichbezogene Gestaltung, sondern um Massenkommunikation geht – daß er sich des identischen Empfindungspotentials von Sender und Empfänger bedient. Er malt sozusagen mit der durch Jahrtausende gelernten und kulturell akzeptierten farbigen Ursprache der Menschheit.

Wesentlich weniger bekannt ist die Tatsache, daß es auch beim Tasten zu Geruchsempfindungen kommen kann, ebenso wie prinzipiell alle miteinander verknüpften Sinneseindrücke möglich sind.

Die Psychologie versucht, den noch immer nicht geklärten Vorgängen bei der Wahrnehmung mit neu geschaffenen Begriffen wie z.B. »Ersatzphänomen« beizukommen. Ein Beispiel für solche »Ersatzphänomene« soll hier genügen, um sozusagen einen einzelnen Punktstrahler auf das weitgehend im Dunkel liegende Feld zu richten: Aus der Untersuchung Drogenabhängiger ist bekannt, daß unter Drogeneinwirkung zustandegekommene Simultanwahrnehmungen Verknüpfungen schaffen, die später auch unabhängig von der tatsächlich erfolgten Drogeneinnahme gleichbleibende Wirkungen erzeugen. Ein Haschischraucher beispielsweise, der unter dem Einfluß der Droge eine bestimmte Art von Musik hört, Räucherstäbchen abbrennt und möglicherweise Jasmintee trinkt, kann später, auch ohne

Haschisch zu sich genommen zu haben, durchaus in einen vergleichbaren High-Zustand geraten, wenn er die gleiche Musik hört. Vielleicht wird er sogar einen intensiven Geruch wahrnehmen, bzw. beim tatsächlichen Abbrennen von Räucherstäbchen plötzlich den Geschmack von Jasmintee zu erleben glauben, der mit der Stimmung der Musik (oder der Beleuchtung) identisch zu sein scheint.

Mit diesem Beispiel soll keineswegs gesagt werden, daß »Ersatzphänomene« und Simultanwahrnehmungen nur unter Drogeneinfluß möglich sind. Sie ereignen sich selbstverständlich auch im normalen Bewußtseinszustand häufig, werden allerdings selten ohne fremde Hilfe erkannt.

Über die Bedeutungsverknüpfung von Farbe und Geschmack, z.B. bei Nahrungsmitteln und ihren Verpackungen, sind hinreichend viele Untersuchungen angestellt worden. Interessant sind in diesem Zusammenhang Versuche mit eingefärbten Nahrungsmitteln, die gern als Tests mit Schulkindern (3./4. Schuljahr) durchgeführt werden.

Die Grundlage der Untersuchung geht davon aus, daß wir alle bei Nahrungsmitteln ein spezifisches Erwartungsmuster an Farben haben, die dazu passen. Mit der optischen Wahrnehmung einer bestimmten Farbe verknüpfen wir auch einen genau festgelegten Geschmack. Verändert man nun die Realität dahingehend, daß man Getränke und Nahrungsmittel mit Speisefarben einfärbt, sozusagen entfremdet coloriert, so gerät das gewohnte Erwartungsmuster aus dem Gleichgewicht und läßt kaum noch reale Ableitungsmöglichkeiten zu.

In unserem Beispiel wollen wir uns mit einem Teller ungefärbter und drei weiteren Tellern mit blau, rot und grün eingefärbten Plätzchen beschäftigen. Natürlich gibt es zuerst Diskussionen über »echte« und »unechte« Plätzchen, die mit heftiger Ablehnung der bunten, als künstlich eingestuften Plätzchen verbunden ist, die mit Schaumstoff, Fimo, bunter Knete und anderem verglichen werden. Kommt es dann zu ersten Geschmacksproben, bei denen der Geschmack der eingefärbten Plätzchen frei assoziiert wird, so treten eigentümliche Sinneskombinationen zu Tage.

Die »Roten« gelten plötzlich sowohl als süß als auch als bitter, der Geschmack von Erdbeeren, Kirschen oder Kirschlikör wird wahrgenommen, sie erinnern merkwürdigerweise mehr als die »normalen« gelben Plätzchen, die lediglich nach Zucker, Butter oder Zitrone schmecken, an Weihnachten und es kommen Assoziationen auf, die üblicherweise mit der Farbe Rot verbunden werden. (Den aufmerksamen Leser wird an dieser Stelle nicht mehr die Tatsache überraschen, daß die Kinder zu allererst automatisch zu den roten Plätzchen gegriffen haben.)

Den grünen Plätzchen wird ein von Geisterhand

eingehauchter Waldmeistergeschmack zugeordnet, oder sie schmecken nach Blumen und irgendwie frisch. Die blauen Plätzchen bekommen einen bitteren Nachgeschmack einsuggeriert, obgleich sie anfänglich ebenfalls süß mundeten, sie gelten als zu stark haferschleimhaltig, schmecken nach Heidelbeeren oder Rum, möglicherweise sogar angebrannt.

Vergleichbare Resultate ergeben einfach durchzuführende Tests mit gefärbter Limonade (bei Erwachsenen verwendet man eingefärbten Sekt und kann ähnliche Reaktionen erwarten).

Kurzum: der Mensch ordnet seinen gewohnten Nahrungsmitteln einen »natürlichen« Geschmack zu. Weicht der visuelle Eindruck – durch Einfärbung oder unter dem Einfluß von farbigem Licht – vom üblichen ab, so beginnt er sofort nach Vergleichen zu suchen, die allesamt zum Auftrittsrepertoire der jeweiligen Farbe gehören und interpretiert neue, objektiv nicht vorhandene Geschmacksrichtungen hinzu.

Ein weiteres interessantes Erfahrungsgebiet eröffnet der Umgang mit farbiger Schminke, die aus einem Gesicht das eines Engels oder Teufels machen kann. Alle Kinder haben Spaß daran, sich mittels der Farben in völlig andere Charaktere zu verwandeln – ein Wesenszug, der typisch menschlich zu sein scheint, der im Karneval ebenso begeistert ausgelebt wird, wie er im Theater, bei den hauptberuflichen Verwandlungskünstlern zum Einsatz kommt und der kulturellreligiös-symbolisch von jeher zum Erscheinungsbild des Menschen gehört. Denken wir nur an die traditionelle Eindeutigkeit der Farbgebung beim japanischen Theater, wo jeder Schauspieler durch den minimalen Einsatz bestimmter Schminkfarben im Gesicht in seiner Rolle als Charakter gekennzeichnet wird. Denken wir ferner an die Kriegs- oder Trauerbemalung der Indianer, an das rituelle Bemalen des Körpers bei nahezu allen sogenannten »primitiven« Völkern, oder auch an den Farbeinsatz der ersten Höhlenmalereien, die mittels gezielter, systematischer Verwendung von Farben inhaltliche Bedeutungen festlegten.

Und wir wissen alle, daß Farben selten stumm, allein aus sich heraus wirken, sondern meistens von simultanen Sinnesreizen unterstützt werden: die bemalten Indianer singen und tanzen figurativ ebenso wie es die verkleideten Schauspieler tun, um den gewünschten Charaktereindruck auf anderen sinnlichen Ebenen zu ergänzen und zu verstärken. Wir suggerieren uns selbst beim Kauf eines verpackten Nahrungsmittels zusätzlich zum davon ausgehenden Farbsignal Geschmack, Geruch und andere Qualitäten hinzu.

Unsere Sinneswahrnehmungen sind so stark miteinander verknüpft, daß wir oft nicht unterscheiden können, welche Botschaft uns wichtiger erscheint – die visuelle Erscheinung, das akustische Signal, Geschmack, Geruch oder damit assoziierende haptische Erlebnisse. Wahrscheinlich ist eine solche Trennung auch gar nicht möglich und ratsam. Die grundsätzliche Wahrnehmung des Menschen ist eine synästhetische. Leider sind uns auf dem Weg zum zivilisierten Kulturwesen einige der einstmals vorhandenen Qualitäten verlorengegangen oder drohen zugunsten einer einseitig orientierten Wahrnehmungsebene, die sich fast nur noch audiovisuell manifestiert, in Vergessenheit zu geraten. Noch aber hat der Mensch seine fünf Sinne (vom sechsten, in den Grenzbereichen wissenschaftlichen Erkenntnisstandes schwebenden, gar nicht zu reden) – es kommt nur darauf an, daß er sie richtig, und das heißt meines Erachtens auch simultan, wenn nicht gar synchron zueinander, gebraucht.

Heilen mit Farben

Schon im Altertum wurden Farben für medizinische Zwecke eingesetzt. Der griechisch-römische Gelehrte Galen (Claudius Galenus, 129–199 n. Chr.), der als Leibarzt des Kaisers Mark Aurel tätig war und dessen Schriften bis ins späte Mittelalter hinein Ansehen genossen, gilt als Entdecker der 4-Säfte-Theorie. Ihrzufolge wird der menschliche Organismus von vier Flüssigkeiten reguliert: von Melancholie (schwarze Galle), Cholee (gelbe Galle), Sanguis (Blut) und Phlegma (Schleim). Je nachdem welcher der Säfte überwiegt, gab er dem speziellen Menschentyp psychische Charaktereigenschaften und besondere Vorliebe für Farben: dem schwerblütigen Melancholiker Blau, dem heißblütigen Choleriker rot, dem leichtblütigen Sanguiniker Gelb und dem kaltblütigen Phlegmatiker Grün; Begriffe und Zuordnungen, die heute noch nichts von ihrer Gültigkeit verloren zu haben scheinen und im Lichte moderner Forschung erstaunlich aktuell wirken.

Seitdem sind auf dem Gebiet der medizinischen Farbforschung eine Vielzahl wissenschaftlicher Untersuchungen bekannt geworden, deren spektakulärste die des dänischen Arztes Niels Ryberg Finsen sein dürfte, der die Behandlung der Hauttuberkulose mit Blaulicht (Finsenlampe) einführte und 1903 den Nobelpreis für Medizin für seine bahnbrechenden Arbeiten über Licht- und Farbwirkungen erhielt. Er sagt (wie Goethe), daß Farben selbständige Kräfte sind, die nicht mit Suggestivkräften verwechselt werden dürften.

Schon Goethe, der nach eigenen Worten seine »Farbenlehre« höher als sein gesamtes dichterisches Werk einschätzte, schrieb ja: »Um die einzelne bedeutende Wirkung einer Farbe vollkommen zu empfinden, muß man das Auge ganz mit Farbe umgeben, sich in einem farbigen Zimmer aufhalten, oder durch ein farbiges Glas sehen. Man identifiziert sich alsdann mit der Farbe, sie stimmt Auge, Geist und auch den Körper mit sich unisono.«

Nun, solche farbigen Räume setzen bekanntlich die Anthroposophen im Dienste therapeutischer Zwecke ein. In der anthroposophischen Klinik in Filderstadt wird mit einem brandroten und einem strahlendblauen Raum gearbeitet, in den Patienten zur Erregung (rot) oder Besänftigung (blau) ihres Vegetativums hineingebeten werden. Es heißt, daß selbst Patienten ohne Augenlicht diese Reize noch kräftig spüren.

In der Psychiatrie sind ähnliche Verfahren bekannt. In entsprechend ausgestatteten Kliniken werden zum Beispiel depressive Melancholiker, die stark suizidgefährdet sind, in Räumen mit roten Wänden, rotem Teppich und Rotlicht »umgestimmt«. Analog dazu werden Tobsüchtige in blauen Räumen beruhigt (nach Prof. Eberhard). Prof. Ponza (Alexandria) heilte »Totalverweigerer«, die keinerlei Nahrung mehr aufnahmen, in gelb durchstrahlten Zimmern. Nach bereits einem Tag Aufenthalt in solchen Räumen begannen sie wieder Appetit zu verspüren und zu essen.

Der Farbtherapeut Dr. med. v. Langsdorff entdeckte, daß Rotlicht die Ausdehnung der Gefäße und dadurch erhöhte Durchblutung bewirkt. Blaulicht dagegen verengt die Gefäße, erzeugt eine Art Blutleere und macht die Haut unempfindlich. Diese Erkenntnis wird inzwischen immer mehr aufgegriffen. Zahnärzte verwenden daher Blaulicht für operative Eingriffe und zur Verhinderung von Zahnschmerzen.

Man fand ferner heraus, daß sich bestimmte Hautkrankheiten wie Scharlach, Masern und Flechten, aber auch Erkältungen, Unterkühlungen und Frostschäden, Lähmungen und Asthma, sowie Bewegungsstockungen von Herz, Lunge und Muskeln positiv durch die Behandlung mit Rotlicht beeinflussen lassen.

Blaulicht dagegen wirkt spürbar bei nervösen Störungen, und eine Therapie mit Gelblicht wirkt sich günstig auf Erkrankungen der Ernährungsorgane (Magen, Darm, Leber, Nieren, Milz, Blase) aus. Es soll (nach Reichenbach, dem Entdecker der »Odstrahlen« beim Menschen) sensible Versuchspersonen geben, die sogar Geschmacksunterschiede bei Wasser feststellten, das zuvor farbiger Bestrahlung ausgesetzt war.

Wie so oft standen am Anfang dieser Therapien Experimente mit Pflanzen und Tieren. Pflanzen, die unter den sogenannten »Wachstumsstrahlen« roten Lichts aufwachsen, verhalten sich ähnlich wie solche, die in Dunkelheit existieren: sie streben beschleunigt dem Licht zu. Versuche mit rotglasigen Gewächshäusern erbrachten ein viermal schnelleres Wachstum als bei vergleichsweise »normalen« Gewächshäusern.

Blaulicht dagegen bringt Pflanzen ausgeglichenes Wachstum. Je intensiver allerdings der Einfluß des blauen Lichts wird, desto deutlicher spürbar werden die »Hemmungsstrahlen«. Am intensivsten ist dieser Effekt in den Hochalpen, wo naturgemäß eine wesentlich höhere UV-Bestrahlung herrscht. Die Pflanzen bleiben niedrig, entwickeln deutlich kleinere Blätter und scheinen sich regelrecht am Boden zu ducken.

Vergleichbares vollzieht sich auch beim Menschen: Wundheilungen geraten unter Rotlicht schneller, Blaulicht beeinflußt die hormonelle Funktion der Nebenniere, bewirkt Verengung aller Gefäße und kann daher zur Heilung von Wucherungen, Kröpfen usw. eingesetzt werden.

Offenbar hat man von der spezifischen Wirkung dieser Farben schon früher gewußt. Im Mittelalter band man Kinder, die an Masern, Scharlach und anderen Hautleiden erkrankt waren, rote Tücher um. Eine Tradition, die bei vielen primitiven Stämmen der Erde noch immer gepflegt wird.
Daß Blau hingegen durch seine Kälte auch abstoßend auf Insekten und besonders Fliegen wirkt, scheinen die Bewohner südlicher Länder intuitiv zu erfassen. Sie streichen im kältesten Ton (Türkis) die Fenster- und Türrahmen ihrer Häuser an, wodurch sich eine kultische Symbolhandlung (siehe Kapitel Blau) mit einem praktischen Nutzwert verbindet.
Tierversuche mit Kühen, Pferden, Schafen und Ziegen führten zu gleichen Ergebnissen. Kühe in blaugestrichenen Ställen geben mehr Milch und leiden deutlich weniger unter dem Streß, Fliegen zu verscheuchen. Eine nochmalige Steigerung läßt sich durch den zusätzlichen Einbau von gelbglasigen Fenstern erreichen. Der Raum bekommt dadurch einen grünlichen Schimmer, was an Weide und Gras erinnert und spürbar den Appetit der Tiere anregt.

Experimente mit farbigem Licht lassen sich im übrigen leicht von jedem nachvollziehen. Man strahlt eine Versuchsperson, die mit verbundenen Augen in einer Dunkelkammer steht, mit unterschiedlich farbigem Licht an, möglichst so, daß der Lichtstrahl unterhalb des Gesichts den Hals berührt. Bei Rotlicht ist die unwillkürliche Reaktion so, daß sich die Arme der Versuchsperson der Lichtquelle zu bewegen, bei Blaulicht läßt sich eine fortstrebende Tendenz ausmachen.

Der indische Arzt Dr. med. Ghadiali (Spectro-Chrome-Institut New Jersey) hat eine umfassende Farbenheillehre aufgestellt. Er rechnet zu den Wachstumsstrahlen die warmen Farben Rot, Orange, Gelb und Gelbgrün, zu den Hemmungsstrahlen die kalten Farben Blau, Blauviolett und Blaugrün und nennt spezielle Indikationen der einzelnen Farben:

Blau: weckt Lebenskraft, nimmt Fieber, ernährt Nerven
Violett: bildet Milz, regt Lymphe an, spendet Kraft
Purpurrot: steigert Sexualität, regt Venen an
Rot: bildet rote Blutkörper, unterstützt Sinne
Orange: bildet Lungengewebe, regt Drüsen an
Gelb: stärkt Nerven, fördert Verdauung, regt Magen an
Grüngelb: bildet Knochen, tötet Bakterien
Grünblau (Türkis): kräftigt Haut

Der Chromotherapeut Wölfle hat mit Farblichtlampen gearbeitet und gibt genaue Heilanweisungen für einzelne Krankheiten. Inzwischen praktizieren in Deutschland einige Color-Therapeuten, wie z.B. Schiegl, der spezielle Bestrahlungsgeräte, farbaktivierte Medikamente (Color-Organ-Komplexe) und eine Farb-Musik-Therapie (Color-Klang-Cassetten) entwickelt hat, ordnet bestimmten Farben bestimmte Klänge zu:

Rot = Do
Orange = Re
Gelb = Mi
Grün = Fa
Blau = Sol
Violett = Si
(seiner Tonleiter liegt die ursprüngliche Sechstonreihe zugrunde.)

All diese Therapien befinden sich auch heute noch im Stadium der Forschung und Weiterentwicklung. Es ist zu bedauern, daß die grundsätzliche physiologische und psychologische Bedeutung von Farben und ihre wertvollen Wirkkräfte in der Heilbehandlung immer noch eine Außenseiterrolle spielen und noch nicht breiten Einfluß in der Schulmedizin gefunden haben. Gerade auf diesem Gebiet darf man aber mit Recht gespannt sein und weitere bahnbrechende Entdeckungen in der Zukunft erwarten. Allerdings müßten dazu einige zur Zeit noch unabhängig voneinander arbeitende Teildisziplinen der Wissenschaft endlich über ihren eigenen Schatten springen und neue, bisher unberührte Zonen interdisziplinären Forschens zu ihrem Aufgabengebiet machen.

Weitere Untersuchungen über Farben

Schnelle Wahrnehmung von Farben

Die Untersuchung erfolgte mit dem Tachistoskop, einem Gerät, das für Sekundenbruchteile mehrere unterschiedliche Farben zeigt. Die Testpersonen werden gefragt, welche Farbe sie *zuerst* wahrgenommen haben (nach Favre und November).

1.	wahrgenommene	Farbe:	Orange	ca. 21,0%
2.	"	"	Rot	ca. 19,0%
3.	"	"	Blau	ca. 17,0%
4.	"	"	Schwarz	ca. 13,0%
5.	"	"	Grün	ca. 12,5%
6.	"	"	Gelb	ca. 12,0%
7.	"	"	Violett	ca. 5,5%
8.	"	"	Grau	ca. 0,5%

Bei diesem Test spielt die Sympathie für bestimmte Farben noch eine Rolle. Daraus erklärt sich das relativ gute Abschneiden von Blau und die relativ schlechte Position von Gelb.

Berücksichtigt man diese durch Sympathie bzw. Antipathie bedingte Verzerrung durch die Einbeziehung der echten Helligkeitswerte bzw. der Fernwirkungen von Farben, so ergibt sich folgendes korrigiertes Bild:

1.	am	besten	wahrnehmbare	Farbe:	Gelb
2.	„	„	„	„	Orange
3.	„	„	„	„	Rot
4.	„	„	„	„	Grün

Beliebtheit von Farben

Grundlage dieser Beliebtheits-Scala ist ein repräsentativer Durchschnitt in der deutschen Bevölkerung, der sich aus mehreren großen Untersuchungen bekannter Psychologen (Lüscher, Frieling, Favre, November u.a) und Testinstitute ergab und durch nachfolgende qualitative Feldforschung erhärtet wurde.

1. Rot
2. Blau (dichtauf)
3. Grün (mit deutlichem Abstand)
4. Gelb (gleich nach Grün)
5. Grau
6. Braun
7. Violett
8. Orange (trotz guter Wahrnehmbarkeit schlechte Position)
9. Schwarz
10. Weiß

Farbenwahl von Kranken

Nach einer Untersuchung von Prof. Lüscher

1. Grün
2. Blau
3. Grau
4. Violett
5. Rot
6. Braun
7. Schwarz
8. Gelb

Bevorzugung von Farben

Stark verallgemeinerte Aussagen zu speziellen Gruppierungen

Kinder: alle Grundfarben, kaum Mischtöne
jüngere Menschen: helle, lebhafte Farben
Pubertät: plötzlich seltene, problematische Farben
Erwachsene: satte, glänzende Farben, Mischtöne
ältere Menschen: dunkle, abgeschwächte Farben
höheres Einkommen: Pastelltöne, Farbkompositionen, abgestufte Farbnuancen (Ton in Ton), zarte, gediegene Farben
niedrigeres Einkommen: glänzende, unkomplizierte Farben, auch »knallige« Töne
Stadt: eher kältere Farben, Pastelltöne, Bevorzugung von Grün und Blau

Land: satte Farben, Bevorzugung von Rot und Mustern
Kopfarbeit: Blau
Handarbeit: Rot
Introvertierte: schwere, dunkle Farben, Mischfarben
Extrovertierte: stark glänzende Farben, Vollfarben

Farbe, Schrift und Lesbarkeit

Die nachfolgende Tabelle gibt Auskunft darüber, welche farbige Schrift auf farbigem Grund am besten zu lesen ist. Karl Borggräfe kam zu den Ergebnissen, indem er ein Tachistop verwendete, um die exakte Lesezeit zu messen. Es wurden 1,5 cm hohe Buchstaben auf 10 × 25 cm großen Flächen kombiniert. Die Reihenfolge:

	Farbe der Schrift	Farbe der Fläche
1	Schwarz	Gelb
2	Gelb	Schwarz
3	Grün	Weiß
4	Rot	Weiß
5	Schwarz	Weiß
6	Weiß	Blau
7	Blau	Gelb
8	Blau	Weiß
9	Weiß	Schwarz
10	Grün	Gelb

11 Schwarz	Orange
12 Rot	Gelb
13 Orange	Schwarz
14 Gelb	Blau
15 Weiß	Grün
16 Schwarz	Rot
17 Blau	Orange
18 Gelb	Grün
19 Blau	Rot
20 Gelb	Rot

Symbolische Zuordnung von Farben
(nach C. G. Jung)

Farbe	*Planet*	*Metall*	*Temperament*	*Geschlecht*
Rot	Mars	Eisen	Choleriker	männlich
Gelb	Sonne	Gold	Sanguiniker	männlich
Grün	Mond	Silber	Phlegmatiker	weiblich
Blau	Erde		Melancholiker	weiblich

Astrologische Zuordnung von Farben

Farbe	*Planet*	*Eigenschaften*
Rot	Mars	Mut und Kampfeslust
Gelb	Sonne	Hoheit und Lebensmacht
Grün	Venus	Liebe und Liebesglück

Blau	Jupiter	Eroberung und Weisheit
Weiß	Mond	Unschuld und Hingabe
Purpur	Merkur	Urteilskraft und Gewandtheit
Schwarz	Saturn	Ausdauer und Tiefe

Alchimistische Zuordnung von Farben

Farbe	*Metall*	*Planet*	*Organ*
Gelb	Gold	Sonne	Herz
Weiß	Silber	Mond	Gehirn
Blau	Zinn	Jupiter	Leber
Grün	Kupfer	Venus	Nieren
Rot	Eisen	Mars	Galle
Schwarz	Blei	Saturn	Milz
Purpur	Quecksilber	Merkur	Lungen

Mystische Zuordnung von Farben

Farbe	*Tarotkarte*	*Tierkreiszeichen*	*Zahl*
Hellrot	Magier	Widder	1
Grün	Hohepriesterin	Stier	2
Blau	Herrscherin	Zwillinge	3
Hellviolett	Pharao	Krebs	4

Orange-rot	Hohe-priester	Löwe	5
Weiß	Entscheidung	Jungfrau	6
Indigo-blau	Wagen des Osiris Triumph	Waage	7
Dunkel-rot	Gerechtigkeit	Skorpion	8
Rot-violett	Eremit	Steinbock	9
Grau	Schicksals-rad	Schütze	10
Klares Blau	Mut	Wassermann	11
Rötlich	Der Gehenkte Prüfung	Fische	12

Schlußbemerkung

Der Mensch ist ein Lebewesen, das sich ungewöhnlich stark über optische Signale orientiert und schwergewichtig durch visuelle Botschaften lernt. Über Jahrtausende hat er in natürlicher Umgebung farbige Sinnzusammenhänge erfahren, diese immer wieder ausgeprägt, neu interpretiert und durch kulturelle Eingriffe verändert. Er verfügt dadurch über ein farbiges Vokabular, das seinen Lebensbedingungen entspricht, Bedeutungen festlegt und als schnelle Orientierungshilfe im täglichen Leben dient. Mit zunehmender Kultivierung, also der Verwandlung von Wildnis in Zivilisation, geht eine optische Reizüberflutung einher, die einerseits künstlich die Welt bunt gemacht hat, andererseits dadurch bedingt immer stärker nach Strukturierung und Semantik verlangt. Innerhalb der Kommunikationsprozesse gewinnen daher klare Festlegungen wie Farbleitsysteme, Corporate Design und psychologische Farbgebung in der Gestaltung immer mehr an Bedeutung. Mode, Werbung und andere gesellschaftsrelevante Trends erzeugen dabei – der Sehnsucht nach stärkerer Individualisierung entsprechend – manchmal bewußt Gegenströmungen, die gewohnte und gelernte Zusammenhänge in Frage stellen und in ihrer Vielzahl und Unterschiedlichkeit visuelle Verwirrung stiften.

Die Folge ist a) eine gewisse Ermüdung und Abstumpfung, die aus der Reizüberflutung resultiert, und b) eine immer mehr unbewußte Akzeptanz der »geheimen« Macht der Farben.

Viele Kommunikationsprozesse laufen heute schneller als früher, tradierte Werte sind außer Kraft gesetzt worden, statt allgemeingültiger Vereinbarungen innerhalb der Gesellschaft gilt heute zielgruppenorientiertes Denken und Handeln, es herrscht eine weitverbreitete ästhetische Unsicherheit, und es läßt sich mit Sicherheit sagen, daß die Sensibilität bei vielen Menschen abgenommen hat.

Dies ist die Ausgangslage einer Betrachtung des heutigen Umgangs mit Farben. Eine große Mehrheit mehr oder weniger passiver Konsumenten steht nun einer relativ kleinen Minderheit aktiver »Macher« gegenüber. Der Kommunikationsdesigner hat die Aufgabe, als Produzent von Botschaften und deren Verpackung eine klar verständliche, unzweideutige Kommunikation zwischen Menschen zu gestalten. Er bedient sich dabei der Farbe als Zuordnungsinstrument, muß um psychologische Anmutungsqualitäten und

erreichbare Wirkungen seines Gestaltungsprozesses wissen. Das bedeutet nun nicht, daß er der »geheime Verführer« hinter den Kulissen ist und Menschen kraft seines Wissensvorsprungs unbegrenzt willkürlich manipulieren kann. Vielmehr unterliegt er in seiner Mittelanwendung selbst den Spielregeln der menschlichen Farbensprache. Berücksichtigt er die archetypischen Ausgangssituationen, versteckte Symbolgehalte und im kollektiven Unterbewußtsein schlummernde Prägungen nicht, ist er nur oberflächlich »modisch«, so wird sein Erfolg kurzlebig sein und keinerlei tiefere Wirkung zeigen.
Gerade der Gestalter von Kommunikation muß sich selbst sensibilisieren, um das »feeling« zu bekommen, die verborgene Kraft der Farben richtig, d.h. zielgerichtet und in sich stimmig, einsetzen zu können. Ich benutze z.B. innerhalb meines Lehrprogramms gern verschiedene Kreativitäts-Trainingsmodelle, um assoziatives Denken und Empfinden freizustellen, d.h. ich versuche, das Zusammenspiel beider Gehirnhälften herzustellen und daraus resultierende Rückkoppelungen auszuwerten. Ich frage z.B.: Wenn dieses Produkt/diese Botschaft etwas ganz anderes wäre, ein Auto, eine moderne Plastik, ein Tanz, Musik, ein Gemälde, ein Haus, eine Landschaft usw. – wie sähe es dann aus? Welche Farbgebung wäre dabei denkbar? Ließe sich die Farbgebung auf alle Beispiele transportieren? Ich lasse Collagen und »Anmutungsbilder« erstellen, die diese Assozia-

tionen visualisieren. Auch die Wirkung und Aussagekraft von einzelnen Farben läßt sich gut in Collagen von Schwarz-weiß-Fotografien darstellen, weil sich dadurch vordergründige Farbflächen ausschließen und der Wesenscharakter – sozusagen auf einer anderen Medienebene übersetzt – deutlich wird.
Jeder, der sich auf dieses Spiel einläßt und die Farben als etwas begreift, das wesentlich mehr ist als gebrochenes Licht (physikalische Betrachtung), erfährt sehr bald an sich selbst, daß Farben »visualisierte Gefühle« sind. Jede Farbgebung hat physiologische und psychologische Wirkung, die so weit geht, daß sie in letzter Konsequenz Gesundheit fördern, Krankheit auslösen, geistige und seelische Harmonie herstellen oder beunruhigende Spannungszustände erzeugen kann.
Daraus ergibt sich, neben der objektbezogenen Aufgabenstellung, zugespitzt gesagt: neben der materialistischen Weltsicht, gerade für den Designer auch eine geistig-ästhetische Verantwortlichkeit. Der Umgang mit Farben ist angewandte Psychologie, aber noch mehr: er ist auch ein Stück Kulturarbeit. Daran denkt der junge Kommunikationsdesigner, der Grafiker und Farbgestalter zu Beginn seines Studiums noch wenig und leider auch der Fortgeschrittene häufig nicht. Er ist verliebt in seine eigenschöpferische Tätigkeit, will sich den Freiraum der Kreativität bewahren und geht respektlos (oder auch unwis-

send) mit Erfahrungswerten, die vor ihm gemacht wurden, um. Daran ist grundsätzlich nichts schlechtes, im Experiment, nach vorn blickend und die Zukunft bejahend weiterzuentwickeln. Schade nur, wenn er es dabei allein beläßt und übersieht, daß sich gerade aus dem Fundus des Vergangenen am meisten und tiefgreifend reflektorisch lernen läßt.
Der Rockmusiker, der eine gelb getönte Brille trägt, um über größere Zeiträume hinweg »gut drauf zu sein«, sich sozusagen mit einem »psychologischen Aufheller« als Hilfsmittel stimuliert, weiß in der Regel selten, daß Goethe bereits die selben Experimente machte und in beinahe meditativen Texten weiterreichte. Es kann daher ein außerordentlich sinnlich-intellektueller Genuß sein, seine »Farbenlehre« unter diesen Gesichtspunkten noch einmal bewußt zu lesen und als frischen, erstaunlich aktuellen und noch vielseitige Überraschungen bietenden Quell zur Bewußtseinserweiterung zu benutzen.
Der Sinn dieses Buches kann und soll weder sein, eine neue Sehschule zu propagieren, noch eine wissenschaftlich akribische Zusammenstellung aller Untersuchungsergebnisse auf den Gebieten der Farbenlehre, der Farbpsychologie und der Farbensymbolik zu präsentieren. Vielmehr möchte es – dem Studierenden wie dem interessierten Laien und demjenigen, der aktiv oder passiv im weitesten Sinne mit Farben zu tun hat – eine Übersicht über den Stand der Dinge vermitteln.

Einige Werke werden im Literaturverzeichnis empfohlen, die sich mit weiterführenden Aspekten des Themas beschäftigen.

Literaturhinweise

Badt, Kurt: Die Farbenlehre van Goghs, Köln 1981

Biedermann, Hans: Höhlenkunst der Eiszeit. Wege zur Sinndeutung der ältesten Kunst Europas, Köln 1984

Brinker, Helmut: Zen in der Kunst des Malens, Bern/München/Wien 1985

Bürgi, Bernhard (Hrsg.): Rot, Gelb, Blau. Die Primärfarben in der Kunst des 20. Jahrhunderts, Stuttgart 1988

Cardinaux, H.: Verhaltensweise hospitalisierter Kinder, Fribourg 1967

Chögyam, Ngakpa: Der fünffarbige Regenbogen. Energiearbeit mit der Farb- und Elementsymbolik des tibetischen Tantra, aus dem Engl. von Theo Kierdorf und Hildegard Höhr, Freiburg i. Br. 1988

Dittmann, Lorenz: Farbgestaltung und Farbtheorie in der abendländischen Malerei. Eine Einführung, Darmstadt 1987

Duerr, Hans Peter: Traumzeit – über die Grenze zwischen Wildnis und Zivilisation, Frankfurt 1983

Eberhard, Lilli: Heilkräfte der Farben, München 1954

Favre, Jean-Paul / November, Andre: Color and communication, Zürich 1979

Ferguson, Marilyn: Die sanfte Verschwörung – persönliche und gesellschaftliche Transformation im Zeichen des Wassermanns, Basel 1982
Frieling, Heinrich: Das Gesetz der Farbe, Zürich/Berlin/Frankfurt a.M. 1968
Frieling, Heinrich: Mensch und Farbe, München 1975/1988
Frieling, Heinrich: Der Frieling-Test. Ein Schnelltest zur Charakter- und Schicksalsdiagnostik, Marquartstein (Obb.) o.J.
Fromm, Erich: Anatomie der menschlichen Destruktivität, Reinbek b. Hamburg 1977
Gage, John: Kulturgeschichte der Farbe. Von der Antike bis zur Gegenwart, aus dem Engl. von Magda Moses und Bram Opstelten, Ravensburg 1994
Gericke, Lothar / Schöne, Klaus: Das Phänomen Farbe. Zur Geschichte und Theorie ihrer Anwendung, Berlin 1973
Goethe, Johann Wolfgang: Zur Farbenlehre. Didaktischer Teil und Polemischer Teil, in: Goethes Werke (Weimarer Ausgabe) Abt. 2 Bd. 2., Weimar 1890, Nachdr. München 1987
Gross, Rudolf: Warum die Liebe rot ist, Düsseldorf/Wien 1981
Heimendahl, Eckart: Licht und Farbe. Ordnung und Funktion der Farbwelt, Berlin 1961
Heller, Eva: Wie Farben wirken, Reinbek 1989
Itten, Johannes: Kunst der Farbe, Ravensburg 1981
Knuf, Joachim: Unsere Welt der Farben. Symbole zwischen Natur und Kultur, Köln 1988

Langsdorff, Georg v.: Die Lichtstrahlen, Wiesbaden 1900
Lüscher, Max: Psychologie der Farben, Basel 1969
Lüscher, Max: Der Lüscher-Test, Reinbek 1971
Lüscher, Max: Der 4-Farben-Mensch, München 1977
Matisse, Henri: Farbe und Gleichnis. Gesammelte Schriften, übertr. von Sonja Marjasch, Frankfurt a.M./Hamburg 1960
Pawlik, Johannes: Theorie der Farbe. Eine Einführung in begriffliche Gebiete der ästhetischen Farbenlehre, Köln 1979
Pötzl, Otto: Über die Beziehungen des Großhirns zur Farbenwelt, Wien/Bonn/Bern 1958
Riedel, Ingrid: Farben in Religion, Gesellschaft, Kunst und Psychotherapie, Stuttgart 1990
Schiegl, Heinz: Color-Therapie, Freiburg i.Br. 1979
Schöne, Albrecht: Goethes Farbentheologie, München 1987
Steiner, Rudolf: Das Wesen der Farbe, Dornach 1980
Vogt, Hans Heinrich: Farben und ihre Geschichte. Von der Höhlenmalerei zur Farbchemie, Stuttgart 1973
Zwimpfer, Moritz: Farbe – Licht, Sehen, Empfinden. Eine elementare Farbenlehre in Bildern, Bern/Stuttgart 1985

Der Verfasser

Harald Braem wurde am 23. 7. 1944 in Berlin geboren und wuchs in Norddeutschland auf. Er studierte Kommunikationsgestaltung an der Fachhochschule Hildesheim (Dipl.-Designer) und an der Werbefachschule Hannover und Psychologie in Frankfurt. Danach arbeitete er als Grafiker, Werbeassistent im Verlag Bärmeier & Nikel (Pardon), Kundenberater und Texter für Werbeagenturen (u.a. J. W. Thompson und Young & Rubicam, Frankfurt). Als Creative Director (Compton Frankfurt) zeichnete er für bekannte Werbekampagnen verantwortlich.
Daneben ständige Auseinandersetzung mit künstlerischen Mitteln (Materialbilder, Objekte, Spurensicherung, Aktionskunst). Von 1975 bis 1980 zahlreiche Einzel- und Gruppenausstellungen. 1981 wurde Harald Braem als Professor an den Fachbereich Gestaltung der Fachhochschule Wiesbaden berufen, wo er Farbenlehre, Farbpsychologie und verbale Kommunikation unterrichtet. Erste Veröffentlichung (mit 11) 1955, danach Lyrik, Kurzprosa, Romane (Science Fiction und Fantasy), vielseitige journalistische Arbeit und Sendungen für den Funk.

Bitte beachten Sie die folgenden Seiten